抓狂的小问题，成长的好契机

张佩佩 著

U0352997

北京理工大学出版社
BEIJING INSTITUTE OF TECHNOLOGY PRESS

图书在版编目（CIP）数据

抓狂的小问题，成长的好契机 / 张佩佩著 . — 北京：
北京理工大学出版社，2025.4.

　　ISBN 978-7-5763-4932-0

Ⅰ . G78

中国国家版本馆 CIP 数据核字第 2025W50X10 号

责任编辑： 李慧智　　　　**文案编辑：** 李慧智
责任校对： 王雅静　　　　**责任印制：** 施胜娟

出版发行 / 北京理工大学出版社有限责任公司

社　　址 / 北京市丰台区四合庄路 6 号

邮　　编 / 100070

电　　话 /（010）68944451（大众售后服务热线）

　　　　　　（010）68912824（大众售后服务热线）

网　　址 / http：// www.bitpress.com.cn

版 印 次 / 2025 年 4 月第 1 版第 1 次印刷

印　　刷 / 三河市华骏印务包装有限公司

开　　本 / 880mm×1230mm　1 / 32

印　　张 / 7.25

字　　数 / 160 千字

定　　价 / 58.00 元

序

孩子生命中会遇到各类问题，抓住这个教育契机
——将问题变成孩子内在的品质

在做教育的 15 年来，常常听父母讲述孩子的各种问题。比如健康的问题、自信心的问题、习惯的问题、情绪的问题、人际交往的问题、学习的问题、自我管理的问题……

父母总是在孩子的教育问题上无所适从：

1. 孩子不愿意尝试新鲜事物。让他自己穿衣服、吃饭、做自己的事情时，失败一次就会放弃说自己不行、不会，经常会因为犯错感到羞愧、难以启齿，该怎么办？

2. 遇到一点点挫折就会莫名其妙地哭。不能接受负面的评价，并且爱发脾气、逃避问题、脾气急躁、性格冲动等，该怎么办？

3. 做事拖拉需要督促。没有时间观念，规定好就看 20 分钟电视，到点了死活不肯关，不给手机也会各种闹腾，该怎么办？

4. 对待不喜欢的事情或不喜欢的人，不懂得如何拒绝。不敢主动交朋友，只依赖于某个小朋友，拒绝交新朋友，该怎么办？

5. 不爱思考问题，孩子口头禅就是"我不行"，写作业总是等着爸妈安排，不安排就不动笔。每次考试，父母再着急，孩子也一副漠不关心的样子，一点也不积极，该怎么办？

……

孩子成长路上有林林总总的问题，不听话、学习不好、贪玩等等。但我发现，所有的问题都不是孩子的问题，而是父母不会教的问题！为什么会得出这个结论呢？

打个比方，玻璃房子里种了一棵树，很快这棵树就长到房顶了。这时房子会说：树长大了，顶撞我了。树长高长大是正常的自然现象。不正常的是房子根本没有长高，却反过来说是树的错。同理，我们不仅会认为孩子不听话，还焦虑怎么长得好好的就长歪了。那是因为我们没有跟着他们一起成长，所以我们会认为孩子出现问题了。

一个身高 1 米的爸爸住高 1.2 米的房子，想把 3 个儿子全都培养成篮球明星，希望他们长得像姚明一样高。但是等孩子们长高了，却只能驼着背在房间里走。所以他培养不出篮球明星，只能培养出 3 个驼背的人，因为他的房子已经限定了这个高度。

那么，这是孩子的问题呢？还是房子的问题呢？伟大的儿童教育家蒙台梭利女士说"儿童具有吸收性心智"，即婴幼儿就像是一块海绵，环境是怎样的，他就怎样吸收，完全处于父母的控制中，没有自我。随着孩子的成长，他对外界的认识逐渐增加，他开始大量地吸收外界的信息，然后"内化"，进而产生自我意识并且日益加强。然而在这个过程中，父母并不了解孩子成长的需求与规律，仍用旧有的教育模式对待孩子，认为孩子是自己的附属品，孩子要听自己的话。

当孩子反对我们的时候，我们不自觉地会直接给他扣个帽子——不听话了，有问题了！其实孩子在遇到问题的时候，恰恰表示他在成长，而父母没有成长，或者成长的速度不够，便认为是孩子出了问题。我们无法给孩子我们没有的东西，因此，我们想要培养孩子，就必须和孩子一同成长，沿着新地图，才可以找到新大陆。

在孩子成长的过程中，遇到的任何问题恰恰是培养孩子品质的契机，唯有看到这个契机才可以引领孩子走向光明。

这本书里的素材案例都是从孩子们日常生活的点点滴滴中选取的，我希望父母通过这本书，能够读懂一些与孩子互动的方法，可以经由问题来建构孩子生命内在的品质。这样，作为父母在遇到孩子的各类问题时，就不会只是焦虑迷茫，而是感恩问题的出现让我们抓住了教育的契机，协助孩子培养出面向未来的人格品质，同时让我们获得成长，成为新时代的合格父母。

目录
contents

第五章 孩子经常苦恼没有朋友和他玩，怎么办？

——如何培养孩子的社交能力　127

第六章 学习全靠催，一点都不主动，怎么办？

——如何点燃孩子的内驱力　159

第一章

自己的事情就等着大人来操心，怎么办？

——如何培养孩子的独立性

在幼儿园的日常管理中，我经常观察到一种现象：当孩子们遇到难题时，他们的第一反应往往不是自己尝试解决，而是习惯性寻求成年人的帮助。无论是搭积木时遇到了困难，还是玩耍中出现了小冲突，他们似乎习惯了大人来解决一切问题。这种现象背后，隐藏着孩子对成年人的过度依赖，这不仅限制了他们解决问题的能力，也影响了他们的独立性。

孩子为何会依赖成年人，我们必须从多个角度切入分析。首先，社会环境和文化背景在一定程度上促成了孩子的依赖性。在快节奏、高压力的社会环境中，成年人往往希望孩子能够快速适应规则，避免犯错。因此，成年人倾向于告诉孩子"正确"的做法，而不是鼓励他们自己去尝试和发现。其次，家庭的教育方式强化了孩子的依赖行为。在许多家庭中，父母往往出于爱和保护的本能，过分地介入孩子的生活，替他们做决定，为他们解决问题。这种"直升机式"的育儿方式，虽然快速地缓解了孩子的困扰，却无形中剥夺了他们面对挑战时自我探索、自我成长的机会。此外，独生子女政策的实施使得孩子成为家庭的中心，家长和其他家庭成员的溺爱无疑加剧了孩子们的依赖心理。

要改变这一现状，我们需要从根本上调整教育策略，将孩子遇到的问题视为独立性的培养契机，逐步引导孩子从依赖走向独立。培养孩子的独立性是一个长期而艰巨的任务，但这是我们为了孩子更好地面对未来所必须做的准备。通过日常生活中的小事，我们可以逐步培养孩子的独立性，让他们在面对问题时更加自信、勇敢和独立。

在这个过程中，孩子们不仅能学会如何解决问题，更重要的是，他们可以学会如何面对生活的挑战，如何在不断的尝试中成长。这样的教育模式，不仅适用于幼儿园，也应该延伸到家庭和社会的各个角落。若能将孩子在成长过程中遇到的问题视为教育的契机，我们不仅能够帮助孩子成长为独立的个体，还能够为他们的内在生命品质打下坚实的基础。让我们用正确的方式与孩子互动，让每一个孩子都能在爱与自由中茁壮成长。

孩子赖床：培养孩子早起的习惯，激活孩子的勤奋力

在幼儿园这个洋溢着童音和笑声的温馨空间，作为园长，我时常看到孩子们那纯真的笑容和轻松愉快的生活状态。但是，当我跨过这片快乐的领域，接触到家长们的内心时，我深切地感受到他们心中的焦虑和无助感。

每天一早，许多家庭都会上演同样的一幕：孩子不愿起床，父母急着去上班，这成了家庭不安的触发点。

● 案例故事

早上7点20分，力力还躺在床上睡觉。妈妈也想让力力多睡会儿，但是已经没有时间了。如果再让力力磨蹭一会，不仅他上幼儿园要迟到，自己上班也要迟到了。

妈妈有点不耐烦地说："是的，我知道你没睡够，但我们还有20分钟就得出门了。如果你不想自己穿衣服，为了节省时间，我帮你穿。"

力力仍是一动不动。妈妈强行把力力从被窝拉起来，帮他穿衣服。力力本来就没睡醒，被妈妈拉起来，情绪就更不好了，又踢又

4

操，结果一下子踢到了妈妈。妈妈也有些急了："你再这样，我就要还击了！"力力哭着说："我就是不穿，天太冷了，你刚才弄疼了我……"最后，妈妈终于忍无可忍，大发雷霆，实在没忍住打了他一顿，强制带他去幼儿园。

来到幼儿园，力力仍在哭，小脸上都是泪珠。妈妈也很生气，和我抱怨说："每天早上的这场挣扎让我感到心力交瘁。我尝试了各种方法，比如制订起床计划、选孩子喜欢的闹钟音乐、用游戏和故事强调早起的好处，甚至设计了'早晨任务清单'来奖励，我都试过了，没太大效果，这让我非常沮丧。这周，我上班都迟到三次了，张园长，你说我该怎么办呢？"

无论用何种方法来教育孩子，我们都要明白，孩子是一个鲜活的生命，孩子出生的时候只是一个弱小的、需要扶植和照料的幼小新生命，直到有一天他成长为一个强大的、独立的、有担当的、有能量的成人，这段漫长的成长过程离不开父母的协助。但协助不代表代替，而是在孩子遇到问题的时候协助孩子成长。我们遇到问题，无须焦虑，而是要感恩问题的发生，让我们把"孩子赖床"这件事情视为培养孩子优秀品质的契机，借由这件事情激活孩子的勤奋力。

解决方法

★轻松氛围，有所准备

早晨到起床的时间，父母可以提前起床，把灯打开，放一点淡淡的轻音乐，然后在孩子的额头上亲一亲说："宝贝，我们要起床了，你可以慢慢地让自己苏醒啦！你再睡一会儿，妈妈先去洗漱，离起床的时间还有十分钟的时候，妈妈会把窗帘打开，叫你起床。"

孩子的睡眠周期尚未稳定，深度睡眠和浅睡眠的转换需要时间，所以父母可以用亲吻孩子的方式慢慢地唤醒孩子，使其从深度睡眠转为浅睡眠。孩子的大脑发育尚未完全成熟，对于时间的认知还不准确，往往无法像成年人一样按时起床，所以需要我们成人采用一些方式，比如拉开窗帘，让孩子对时间的长短有所感知。

★描述约定，降低抵触

10分钟左右，妈妈拉开窗帘、轻轻地拍拍孩子，跟孩子说："宝贝，要起床啦，看看窗外的风景，崭新的一天已经向你招手啦！"孩子这个时候可能会说："没睡够，不要起。"妈妈可以回应："没睡够呀，好的，那你还可以睡5分钟，5分钟后妈妈再来叫你，到时候我们必须要起床，这样才能保证我们准时出门。"说完后，妈妈可以离开。

为了培养孩子的早起习惯，提前和孩子约定每天出门的时间以及起床后需要做哪些事情，分别需要多久，可以使孩子有初步的时间概念，比如提醒孩子还可以睡5分钟，也是给予孩子心理上的一个缓冲，避免孩子产生抵触心理。让孩子缓冲的同时，也让孩子清晰接下来的约定。

★给予选择，坚定执行

5分钟过后，妈妈温柔坚定地跟孩子说："宝贝必须起床了。"这个时候孩子可能会说"我不要，我就不起，太冷了……"等诸多不起床的理由。但无论孩子说什么，我们都需要坚定地说："宝贝，真的很抱歉，你是自己主动起来，还是妈妈拉你起来？还是妈妈抱你起来？"孩子可能都不选择，那妈妈就需要坚定地把孩子抱起来，告诉孩子："真的很抱歉，需要穿衣服了。"孩子可能有情绪，哭闹着不穿，甚至踢妈妈，说妈妈讨厌。但无论孩子做什么，成人都需要不带情绪、坚定执行。

家长需要意识到，孩子的哭闹撒泼是因为他们知道这样可以引起大人的注意，从而达到自己的目的。因此，面对孩子的哭闹，成人需要保持冷静，态度既要温柔，又要坚定。这样会决定孩子未来在面对约定和规则时的态度；让孩子明白即便用哭闹撒泼打滚也无法达到自己的目的，只能自我调整，按照约定来。要知道成人只要一次妥协或者带着情绪，事情就不会发生转变，孩子的好习惯自然不会养成。

★复盘总结、肯定欣赏

待孩子穿好衣服后，跟孩子表达："宝贝，谢谢你的支持，即使面对起床你非常不开心，但是你为了我们能准时出门还是配合了妈妈。真的很感谢你！当我们想要养成一个好的习惯时，会经历无数次这样的拉扯。只有我们不被自己的坏情绪和赖床的小魔怪打败，我们身上的勤奋力才会慢慢地被激活。妈妈欣赏你，今天面对困难时没有被打败！祝贺你，为你身上需要积累的勤奋力助力！"

　　孩子是需要成人引领来看见自身的品质。对孩子的肯定，让孩子不会因为自己没遵守约定而感到挫败，也不会因为自己赖床而苦恼，而是能够看见自己的品质，进而充满力量。这样美好的感觉持续积累，孩子就会愿意坚持，慢慢地勤奋力就会被激活。

孩子抵触洗漱：培养孩子的卫生习惯，提升孩子的形象力

在幼儿园的日常保育中，我们经常遇到一些孩子在面对洗漱等基本卫生行为时，表现出抵触和抗拒。这些孩子可能会哭闹、耍赖甚至坚决不肯配合，让家长和教师感到无奈和挑战重重。

● 案例故事

一天下午，我目睹了4岁的小宝声嘶力竭的一幕。到底为什么？一向活泼可爱的小宝，竟然躺在地上打滚，拼命地哭闹。原来是妈妈到幼儿园接小宝回家，当她提到回家后要给小宝洗澡时，小宝立刻皱起了眉头，摇头表示不愿意。李女士急忙解释说："小宝，你看，你今天在幼儿园玩得这么开心，身上一定很脏了。我们回家洗个澡，干干净净的不好吗？"小宝却不听，他抓住妈妈的腿，大声哭闹："不洗澡！我不喜欢洗澡！"

李女士的脸上露出了焦急和无助的神情。她知道自己必须坚持，但又不想让小宝感到不舒服。她试图用各种方法说服小宝，从讲道理到承诺奖励，但小宝似乎都不为所动。最终，李女士只好硬着头皮说："你不爱洗澡，身上会长虫子，会发臭，以后别人都不跟你

玩了。"说完强行带小宝回家，其间小宝一直哭泣不止。

这个案例，反映了孩子在面对不熟悉或不喜欢的事物时的抵触心理。小宝的行为背后隐藏着他对洗澡行为的恐惧。他可能觉得洗澡是一种束缚，或者他可能只是不喜欢水和泡沫的感觉。无论是什么原因，他的行为都在向大人传达一个信息：他需要被理解和支持。

李女士的焦虑则体现了所有家长共有的心理特点。她希望小宝讲卫生、健康成长，同时也不想让他感到不安。她的着急心理源于对儿子的关心以及对正确教育方法的追求。妈妈们总是非常努力地想要把孩子教育好，却造成了孩子的抵触心理。作为成人，在孩子面对问题时，首先应该关注的是孩子本身，而非讲卫生这个习惯，不能因为急于养成习惯而让孩子产生恐惧与无助感。

解 决 方 法

★爱的滋养，温柔询问

面对孩子"不要洗澡"时，我们要轻柔地把孩子搂在怀里或者抱起来，询问孩子不想洗澡的原因。根据孩子的表达，妈妈做出支持与调整，让孩子感受到无论遇到什么困难，妈妈都会协助孩子一起面对。

当一个孩子感受到被爱的时候，孩子的内心充满力量，面对问题时是积极的；但是如果孩子感觉到被强迫，不被理解，孩子的内在力量是弱的，面对问题时会消极。

现在让我们问自己一个问题：我们给予孩子的到底是成熟的爱、纯粹的爱，还是有企图的爱？是完全给予还是交换？有企图的付出是不足以支持孩子的改变的。

李女士试着轻柔地把孩子搂在怀里，询问孩子不想洗澡的真实原因："小宝，妈妈今天很想与你讨论一下关于洗澡的事情。每一次洗澡，你都表示抗拒，妈妈真的不忍心你这么难受，但是天气这么热，身上很容易滋生细菌，妈妈会担心你的身体健康，所以你可以告诉妈妈你不想洗澡的原因是什么吗？我们一起想办法。"

妈妈需要用商量的语气与孩子沟通，对孩子表达自己的担心与爱，向孩子传达无论遇到什么问题妈妈都会协助他，让孩子心安。

★ **仔细倾听，追根溯源**

小宝："我不想洗头。"

妈妈："原来你并不是不想洗澡，只是不想洗头是吗？"

小宝："是的，洗头辣眼睛。"

妈妈惊讶地说："哦！小宝原来不是不想洗头，而是洗头时妈妈把水弄到你眼睛里了，让你有过不舒服的体验是吗？"

小宝："你每次都给我洗，我都哭了你还给我洗。"

★ **表达歉意，尊重孩子**

妈妈："很抱歉小宝，妈妈以前真的是太粗心了，总想着你不愿意洗，妈妈快点给你洗完，没想到让你有这么不好的体验。那接下来妈妈听你的，我们慢慢洗，先不洗头，等你准备好了我们再洗，或者下次洗头的时候，我们就像理发店一样，你躺着妈妈帮你洗，轻轻地洗可以吗？"

★ 趣味方法，协助支持

一听妈妈说像理发店那样，小宝马上说："那还需要躺床，咱们家没有怎么办？"

妈妈连忙说："我们用沙发来代替怎么样，你躺在上面，妈妈拿盆这样给你洗。"妈妈一边说一边做着动作。

小宝听完一下来劲儿了："那妈妈咱们现在就试试好不好？"

母子间的对话就这样愉快地结束了。从案例中不难看出，人只有基于被爱才愿意变得顺从、美好！如果爱没有增加，事情不会发生改变。这是一场需要耐心和时间的战斗，只要给予孩子时间和空间，小宝终将会理解和接受洗漱的重要性。因为洗澡这件令人头疼的事情让李女士学会了如何理解孩子的需求并给予支持，如何协助孩子成长。原来，这才是成熟的爱！

作为家长和教育者，我们的任务是倾听孩子的心声，理解他们的需求，并用爱和智慧引导他们走向独立。通过这个过程，孩子们不仅学会了如何照顾自己，还学会了如何面对生活中的挑战，如何进行自我管理和自我提升。这些技能将伴随他们一生，成为他们宝贵的财富。

总之，孩子的每次抵抗都是成长的机会，每次哭闹都是学习的时刻。让每个孩子都能在遇到问题时找到解决之道，从而培养他们的内在品质和外在形象力。

孩子挑食：趣味用餐小魔法，给孩子"我能吃好"的成就感

在幼儿园的日常观察中，挑食现象屡见不鲜。有的小朋友偏好肉食，对蔬菜敬而远之；有的则偏爱面食，对米饭不感兴趣；更有甚者，只吃白米饭，对其他食物一概不接受。面对这样的情况，家长们往往感到焦虑和无助，担心孩子由于营养不均衡致使身体健康受到影响。

◉ 案例故事

小浩是一个 4 岁的小男孩，他在幼儿园里以"挑食大王"而闻名。每次午餐时间，小浩总是挑挑拣拣，只愿意吃自己喜欢的那几样食物。其他小朋友都在津津有味地吃着各种菜肴，而小浩的餐盘上总是剩下一大半的食物。

无论老师怎么引导小浩，小浩表现的状态就是皱着眉头、捂着嘴巴，抗拒尝试自己不熟悉的食物。

经过与小浩妈妈沟通后发现，小浩一家在小浩的饮食上面下了很大的功夫。哪怕小浩吃一口从来没吃过的食物，全家人都会给予正面反馈。

父母很担心小浩的营养不均衡，多次尝试引导，但效果不佳。小浩不仅挑食，而且在日常生活中也缺乏自我照顾的能力，对自己的需求和感受常常忽视，妈妈对此也非常的焦虑。

在与小浩妈妈的深入沟通中，我了解到一些可能导致小浩挑食的原因。首先，家庭环境中可能存在过度关注孩子饮食的情况，这让孩子对食物产生了压力。其次，小浩可能缺乏对不同食物的接触和了解，导致他对某些食物持有偏见或恐惧。此外，孩子的生理和心理发展也可能影响他的饮食习惯。

经由小浩妈妈同意，我决定帮助小浩体验挑食可能对身体带来的一些影响。

解决方法

与班级老师沟通后得知，如果幼儿园没有小浩喜欢吃的食物，小浩就会选择不吃饭。这一天小浩妈妈知道我会去班级里协助小浩，于是早早地把小浩送到了班级。

★ 观察询问，趣味示范帮助

早餐时间，我到小浩的班级，早餐是蒸红薯、西红柿鸡蛋臊子面，老师说："可能小浩只会选择吃红薯，其他都不会吃。"

果不其然，小浩只拿了一小块红薯回到座位。我站在不远处观察，发现他不吃，只是看着盘子里的红薯，我走过去蹲下来问："小浩，发生什么事情了吗？蓝天妈妈看到你一直没有吃，你需要帮助吗？"

小浩小声地说："我不会剥皮。"

我故意用惊讶的语气说："哦！原来你是遇到了难题呀。那蓝天妈妈给你示范一下怎么样可以把这个红薯的衣服脱掉好不好？"

小浩用清澈的、带着好奇的眼神看着我，点了点头说："嗯！"

我用夸张的语气和动作边说边做："这红薯也太美味了吧！我闻着这气味都有点想流口水。我和小浩要把你的衣服脱掉，快快来到小浩嘴里来，让我们小浩尝尝你这香甜可口的味道。"说着，红薯的皮被我剥开一个口子。

小浩面对用餐在心理上是有一定压力的。通过观察，我发现小浩不会剥红薯皮，于是用有趣好玩的方式帮助小浩，给予示范，让小浩感受到被支持，降低了心理压力和对食物的抵触感。

★ 启发引领，激活自主意识

我试探地和小浩说："你要不要尝试一下？这衣服其实还挺好脱的，你试试？如果脱不下来，蓝天妈妈再来帮助你。"

小浩被我轻松有趣的语言所吸引，他腼腆地接过红薯开始学着我的动作给红薯剥皮。

这样的事情在家里可能都是家人帮忙解决，看得出小浩用自己不太熟练的手很努力地剥着，大概过了 8 分钟左右小浩才把皮剥完。

他长舒了一口气说："蓝天妈妈，看！我把红薯的衣服都脱完了。"

能感受到小浩这是第一次亲手为自己准备食物，这个经历让他的内心体验到了成就感。

儿童可以是他自己身体的主人，饿不饿、冷不冷、热不热、会不会，这些只有他自己亲身经历才能理解和感知。在小浩的生活中，好像照顾自己这件事情家长比小浩自己更操心，家长一味地过度关注，一味地包办代替，使小浩从未体验过自我服务的成就感。

★描述细节，给予孩子力量

我故意惊讶地说："真的呀！我刚才还想着要不要帮助你，但是我发现你很认真地在为自己准备食物。蓝天妈妈在这里观察着你认真和专注的样子，好感动呢！小浩今天学会了照顾自己，为自己想吃的食物而努力，祝贺你哦小浩！"

听了我的赞美，小浩美滋滋地吃着红薯，看着他红扑扑的小脸蛋，真为他开心。

他吃完红薯说："我吃完了。"

一个孩子从来没有自主服务过，从来没有为自己努力做过事情的经历，是难以相信自己的。所以，当孩子能够独立做到一件事情时，抓住机会给予孩子反馈，这会给足孩子力量感，让孩子重新认识自己。

★尊重孩子，给予时间和空间

我故意很好奇地说："这也有点太少了吧！我们离午餐时间还有很久，蓝天妈妈有点担心你饿肚子，一小块红薯的能量好像不太能够支撑你整个上午的活动量哦！"我继续试探着说："小浩要不要来点面条？这是西红柿鸡蛋臊子面哦！闻着真的是香喷喷的，你要不要来尝尝？"

小浩马上捂着自己的嘴巴紧张地说着"我不要，我不要"，表现出很抗拒的样子，好像担心我说服他一样。

看到他这个样子，我心里很清楚着急是解决不了问题的，给他足够的时间和空间，让他经历和体验这个过程就好。

于是我很平静地看着他的眼睛跟他说："小浩可以不吃，蓝天妈妈尊重你！如果上午的时间你饿了，可能都没有东西吃，只能等到午餐的时候吃。

小浩说："我不饿！"

我说："好的，不管怎么样，今天你学会了照顾自己，蓝天妈妈还是很欣赏你。"

听我这么一说，他愉快地蹦蹦跳跳去户外了。

在孩子成长的过程中，会遇到各种各样的问题，对于教育者和家长来说也会面临各种各样的挑战。无论怎么样，教育不是一蹴而就的，我们需要给孩子时间和空间，让他按照自己的节奏成长。

★ 约定规则，明晰事实真相

很快到了午餐的时间，中午的午餐是青菜炒肉丝、红烧鸡腿、木耳炒藕片。小浩走到餐桌前，看了看，捂着嘴巴准备离开。

我走上前蹲下来，看着小浩的眼睛说："小浩，早上你只吃了一块很小很小的红薯。经过一上午的活动，蓝天妈妈猜你现在饿了，所以我们来看一看，还有哪些食物是你喜欢吃的。"小浩身体僵硬，他捂着嘴巴皱着眉头说："我不要，我不要吃，我不要吃，我不饿，我不饿。"

为了让他不那么有压力，我急忙说："好的，好的，可以不吃。"

听我这么一说，小浩平静了下来。

我拉着他的手，看着他的眼睛说："小浩，你可以不吃，蓝天妈妈尊重你！但是蓝天妈妈要告诉你，你早上吃得很少，如果中午再不吃的话，午饭过后就真的没有东西可吃，只能到晚上才能吃。你一定要想好，挨饿的感觉可是不太舒服呦，你准备好要承担这个挨饿的结果了吗？

他看着我点点头说："嗯。"

我说："那好的，蓝天妈妈虽然会有一些心疼你，也会担心你，但是既然你选择了经历这个挨饿的过程，你是自己身体的主人，那我只能尊重你。那你可以不吃，你可以选择去看书吧。"

放手，让孩子自己去经历"饿"的感觉，而"饿"这份体验可能恰恰是帮助孩子学会照顾自己、学会为自己身体负责的机会。

★ 承担结果，突破自己

果然，午睡过后不久，小浩开始感到饥饿。他想到书包里找零食吃，但是发现书包里也没有零食。

我走过去跟他说："小浩，你可以喝水，或者尝试吃一些你之前不愿意吃的食物。蓝天妈妈担心你起床会饿，所以把中午的午餐给你留了一些，如果你想吃的话，我可以帮你热一下。"

小浩犹豫了一下，但饥饿让他最终选择了尝试之前不愿意吃的食物。虽然开始时他有些抵触，但慢慢地发现有些食物的味道其实并不坏，甚至有些还是他之前没感受过的美味。

　　只有孩子亲身经历过因自己的选择而导致某种后果时，他们才会更愿意为自己的行为负责。例如，小浩在饥饿时学会了如何照顾自己的身体需求。这不仅仅是和食物的选择有关，更是与对自己的关爱和照顾有关。

　　当孩子学会关心自己的身体，尊重自己的感受，并做出对自己有益的选择时，说明他正在逐步成长为一个独立、自主、会照顾自己的人。作为家长，我们的责任是引导孩子，培养其照顾自己的能力。孩子成长路上遇到问题时，成人只有轻松面对、放下焦虑，方能为孩子的健康成长创造一个充满关爱和支持的环境。

孩子丢三落四：让孩子学会整理个人物品，建构秩序感

孩子总是丢三落四，让很多家长和老师感到头疼。无论是学习用品还是生活物品，孩子似乎总是难以记住要妥善保管，不是丢了书本就是忘了水杯。这种粗心大意不仅影响了日常的生活，也给学习带来了不少麻烦。家长反复提醒，甚至严厉批评，却收效甚微。看着孩子满不在乎的样子，家长们真是既无奈又焦虑，恨不得能亲自替孩子打理一切，却又深知这不利于孩子的成长。如何帮助孩子改掉这一坏习惯，成为众多家长亟待解决的问题。

● 案例故事

夕阳洒在幼儿园的一角，一个 5 岁小女孩引人注目，她在孩子们中间笑声格外清脆，轻盈地蹦跳着，像只无忧无虑的小鸟。但这样的景象却掩盖不了一个事实——小然的桌子上又是一团糟。彩色的画笔散落一地，未完的画作随意丢弃，故事书翻开了躺在一旁，就像被遗忘的梦境。"小然，你的衣服呢？"老师轻声叹息，小朋友们又从树坑里翻出那件失落的外套。小然不好意思地一笑，接过衣服，仿佛这已是日常的小插曲。

到家后，妈妈的忍耐达到了极限。她看着满屋一片狼藉，心里的火山似乎要爆发。漫画书在这里，袜子在那里，玩具到处都是。小然却似乎对此毫无察觉，只顾着看电视，沉浸在动画片的世界里。

"小然！"妈妈终于忍无可忍，声音尖锐而坚决，"你看看你的东西丢得到处都是！"

小然愣住了，电视机里动画片的声音嘻嘻哈哈，与妈妈的怒气形成鲜明对比。她的小手紧紧抓着遥控器，脸上的笑容逐渐消失，被困惑和不安所取代。

教育的最终目的是协助儿童走向独立，而儿童具备这个能力需要成人的协助与示范，更重要的是需要一遍遍的练习才可以习得。

我们如何协助儿童走向独立？拿幼儿园孩子整理物品来举例：除了教会孩子如何取放书包，我们还要教会他如何让书包柜变得整齐、美观。当通过自己的双手，把自己的书包放得整洁、规范时，孩子不仅学会了照顾自己，同时也学会了照顾环境。

 解决方法

★观察感受

为了让孩子具备整理物品的意识，我故意把衣服塞得凌乱，书包东倒西歪，让小朋友们看过以后记住这种感觉。接着把所有的衣服都叠得非常整齐，放在书包里，书包都朝向一个方向摆放得整整齐齐，把书包带放在书包的后面。再请小朋友们看，让他们感受整洁带给他们的感觉是怎样的。

小朋友们会说："放整齐比较美观。"

儿童的学习不同于成人，成人通过一个道理或者一个概念就能明白为什么这样做。而儿童必须通过感官体验，才能清晰地知道为什么要把书包放整齐。只有带着孩子去体验、去感知，孩子才明白做这件事情的意义与价值。

★ 提出邀请

接下来我们向孩子提出邀请："是的！那小朋友们把书包放在柜子里的时候，一定要放整齐。通过你们的双手让我们班级变得整洁、美观，大家看可以吗？"
小朋友们异口同声地说："可以的。"
老师说："小朋友们能不能做到？"
小朋友们说："能做到！"

"知道"和"做到"是两回事。现在，小朋友们仅仅是知道，但"知道"和"做到"中间还隔着十万八千里。

★ 温柔提示

在习惯养成的过程中，请老师在书包柜门口多留意。当小朋友离开的时候，如果他的书包没有放好，比如书包带子露在外面，老师就会说："请小朋友重新把书包放整齐，要保持美观哟！"小朋友就会把书包的带子放进去。

无论提醒多少遍，老师都要保持与第一遍相同的态度，温柔平静地提醒小朋友。

这个提醒的过程就是协助孩子建构"放整齐、保持美观"的动作概念来到自己的意识里，逐渐从没有意识到有意识的过程。

★ 坚定协助

一周以后，如果有小朋友再把衣服、书包带露在外面，老师就不再提醒了。而是看着他离开，等这个小朋友到户外活动，玩得特别开心的时候，再去找这个小孩，告诉他："孩子，很抱歉，请你跟我回教室。"

小朋友会说："为什么要回教室呀？你告诉我嘛。"

老师只是说："抱歉哦，请你跟我来。"

抱歉不代表老师做错了什么，而是你玩得那么开心，可是我要打扰你，我对此表示歉意。

小朋友不耐烦地跟着老师来到书包柜。

老师说："请你把书包重新整理好。"

小朋友立刻就知道为什么叫他过来了，他可能会有些生气，等他把书包带子放好，老师说："谢谢你的配合。"

小朋友可能会说："讨厌烦人！"

老师就会说："是的，当你玩得那么开心的时候，老师要请你上来整理书包，真的会有些让人讨厌，对此我很抱歉。如果你在玩得很开心的时候，不希望老师打扰到你，那就请你把书包带整理好再出去玩，这样你就不会受到打扰了。"

经历两到三次被打扰后，书包带子要放好，书包要放得整齐、美观这件事，会让孩子的身体有记忆，可能孩子下去玩的时候都会主动说:"让我看一下书包带子有没有放好。"

这个过程可能需要五到十天,直到班级里小朋友都能把书包放好,把柜子变得整齐美观为止。

这个过程就叫作协助。

在这一过程中我们赋予了书包柜教育的意义,书包柜就会成为培养孩子整理物品过程中的环境因素,把平凡的小事做扎实,让凌乱的柜子逐渐成为整齐的柜子。这样一来,我们就成了让孩子从"知道"到"做到"的协助者。

用一个经历让孩子养成一个习惯,而不仅仅是不停地说教或者代替。在幼儿园里老师这样做,那在家里,我们作为父母应该如何去协助孩子呢?小然玩完玩具不收拾,便可以邀请她把玩具收到玩具筐中,放在玩具架上,通过她的双手让客厅变得整洁而美观。

如果她做不到,依然可以采用"五到十天协助"的办法。前五天,当小然玩玩具的时候,你要提醒她:每一次取一筐玩具,玩完后放回去再做其他的事。家长可以给她做示范,让她很清楚地看到具体应该怎么做。协助五天以后,如果小然还是没有做到,要等小然去看电视或者是玩耍的时候,再请她过来做整理。

最终,妈妈做到了协助,被打断看电视的小然情绪爆发,号啕大哭。但妈妈坐在小然身边,心平气和且坚定地说:"宝贝,我们必须做完一件事情才可以做下一件事,你需要收拾好玩具不仅因为东西会丢,更因为你需要学会为自己的物品负责。"

伴随着泪珠的滑落,小然点点头,心中的矛盾和不安渐渐平息。她知道妈妈是对的,尽管她只有五岁半,但是也应该学会长大,学会管理自己的世界。

不久，幼儿园的老师也惊讶地发现，小然的桌子整洁无比。彩色的画笔整齐排列，未完的画作被小心放好，故事书安静地躺在书架上。小然站在一旁，带着得意的微笑，仿佛完成了一项伟大的任务。老师赞许地摸摸她的头，小然的眼中闪烁着自豪的光芒。这是一个新的开始，不仅是对她自己，也是为了那个爱她的妈妈。

父母是孩子最好的老师，家庭是孩子最好的学校。孩子在生活中的点点滴滴，就是最好的教育契机。我们要成为孩子生命中最大的支持者、协助者，而不是孩子成长路上的包办者、指责者。

孩子沉迷手机：引导孩子合理使用电子产品，培养自律能力

在数字时代，电子产品已成为我们生活的一部分。孩子们对于色彩缤纷、声音悦耳的屏幕充满好奇，这是可以理解的。但当这种好奇心转变为依赖，甚至影响到他们的日常生活和情感发展时，作为教育者和家长，我们当然不能听之任之。

● 案例故事

某一天晚餐时，妈妈做了小宇最爱吃的红烧肉，但在餐桌上，小宇的眼睛却始终没有离开手机屏幕。妈妈的心中充满了无力感和挫败感，于是，她的担忧变成了责备，声音中带着哭腔："小宇，你为什么不抬头看妈妈一眼？为什么总是对着那个冰冷的屏幕？"小宇依然没有感受到妈妈的情绪，始终没有放下手机。妈妈忍无可忍，摔掉手机，掀翻餐桌……看着几近发疯的妈妈，小宇的眼神里充满困惑、不解和恐惧。

在孩子天真烂漫的年纪，本该充满欢声笑语和玩纸飞机、捉迷藏的乐趣。然而，当科技的小手悄悄伸入他们的世界，一切似乎都变得不同。不少家长面临着一个同样的问题：我们的孩子，为何如

此沉迷于那些发光的屏幕？

模仿是孩子与生俱来的能力。当他们看到父母手指轻点间展开的虚拟世界，便也想探索那光影背后的秘密。于是，他们学会了滑动和点击，却没学会适时放下。快速的心理奖励让孩子们在不知不觉中沉溺。他们追逐着游戏中的分数和成就，而现实世界中的满足感似乎需要更多的时间和耐心去获得。自控能力的缺乏、内容的吸引力以及父母的监管不当，这些因素叠加在一起，构成了孩子对电子产品依赖的完整图景。

这一天放学，我全程协助小宇妈妈彻底告别孩子对手机的依赖。

解 | 决 | 方 | 法

★爱的表达

妈妈："小宇，妈妈必须和你谈一谈关于玩手机的事情。妈妈能够感受到手机给你带来的快乐，也能够感受到玩手游给你带来的这种成就感。"

小宇拉着妈妈要手机。

妈妈："妈妈看到你每天放学第一时间就要手机，而且一玩就是几个小时，头都不抬。每当妈妈看到这一幕，就无比的担心和焦虑。一方面是担心你的视力；另一方面担心你一直沉迷在手机当中，与真实的世界没有了联系。小小的你被手机控制着，妈妈是非常非常担心和焦虑的。"

在与孩子沟通时，首先需建立共情联结，使孩子感知到他们的感受会被理解与尊重；继而客观地陈述事实，并真诚地表达自己的感受和对孩子的爱意，避免使用任何带有评判或责备色彩的言辞。当交流中剔除了评价和指责，孩子自然不会产生抵触和抗拒心理。

★ 明确规则

"所以妈妈今天想跟你说，我们必须要有计划地玩手机。为了你的身体健康，为了你不被手机所控制，我们必须做出这样一个决定：每天玩儿手机的时间只有半个小时。

"在玩手机之前就要定闹铃，当闹铃响了，你就要把手机交还回来，这样你每天都会有半个小时自由玩手机的时间。

但如果时间到了，你没有把手机还回来，那就会失去自由玩手机一次，这就代表第二天你是不可以玩手机的，以此类推。"

妈妈以坚定的态度向孩子传达了一个明确的信息，为了孩子的健康与安全考虑，必须对玩手机的时间进行干预。她毫不含糊地阐述了玩手机规则，明确了孩子应当如何遵守这些规则，以及若未能遵守将会承担何种后果。

小宇："我不要！我就要一直玩！"一边拉扯妈妈一边说。

★ 坚定回应

"妈妈知道，这你一下子可能接受不了，但是为了你的身体健康，妈妈必须干预你玩手机的时间。"

小宇："我不玩手机，那我干什么？"

妈妈："哦！那你的意思是，你玩手机是因为无聊是吗？"

小宇："是的。"

妈妈："那太好办了，我们可以和小朋友一起玩，我们还可以画画，玩玩具……"

小宇带着哭腔："不好玩，我就要玩手机，那都不好玩！"

妈妈："妈妈知道你一下子还无法接受，没关系，慢慢地你会适应的，妈妈陪着你玩其他的。"

小宇大哭："啊……给我手机，你给我手机，坏妈妈，啊……"

妈妈坚定地抱着小宇说："真的很抱歉，妈妈不能满足你。"

小宇彻底崩溃，躺在地上打滚，边哭边喊："我就要玩，就要一直玩。"

妈妈在旁边静静地陪着他。

大概半个小时过后，小宇似乎哭累了，或者是感受到妈妈真的不会妥协了，他开始看向妈妈，让妈妈抱。

妈妈把小宇抱在怀里，轻轻地安抚着小宇的情绪，小宇慢慢地调整了自己的情绪："那我现在可以玩手机吗？"

妈妈："我们的约定是每天半个小时，什么时间看，你来决定。"

小宇还带着抽泣声："我现在看，你帮我定闹铃。"

妈妈："好的。"

在改变一个习惯的过程中，通常会伴随着情绪的挑战，尤其在与儿童的互动中，孩子可能会通过哭泣等情绪化的行为来试图影响和控制成人。对于成人而言，孩子的哭泣不仅是一个试探，更是一个教育的机会。若成人因为害怕孩子的泪水而轻易妥协，那么孩子便学会了利用情绪达到目的。相反，如果成人在面对孩子的情绪爆发时失去自控,可能会导致孩子的对抗心态加剧。那么,如果成人能够保持情绪稳定,以平和且淡定的态度坚定地引导孩子,并允许孩子自由表达情绪,孩子将学会调整自己的情绪,选择面对和适应。

★ 正面强化

很快闹铃响起。

小宇抬头看了一眼妈妈,发现妈妈温柔坚定地看着他,于是将本想关掉闹铃继续玩的手收回,把手机递给了妈妈。

妈妈脸上流露出按捺不住的喜悦:"小宇,妈妈好佩服你!本来妈妈想着你需要时间来适应,但是没想到你为了遵守我们的约定,管住了自己!你没有被手机所控制,自律的你真的好棒!"

小宇原本泪痕斑斑的小脸转瞬间绽放出了一抹自豪的笑容,问道:"妈妈,我能不能在幼儿园多玩一会儿?"

妈妈说:"那必须能。"

仅仅一个小时之隔,妈妈脸上的忧愁烟消云散,取而代之的是满面的欣慰与喜悦。

我很坚定地跟小宇妈妈说:"让我们一起努力,让孩子童年的记忆不再只有冷冰冰的屏幕光芒,而是充满温暖、交流和真实的体验。我们自己也要放下手机,把时间放在孩子身上。在屏幕之外,我们孩子的童年,依然可以是彩色的。"

妈妈决定从自己做起,减少自己在小宇面前使用手机的时间。她带小宇去公园,参加亲子阅读会,带小宇一起做手工,用更多的亲子活动替代电子产品,让小宇的世界不再只有手机屏幕那么大。

随着时间的推移，小宇开始有了变化。他开始期待每天的户外活动时间，他的笑脸越来越多，他开始主动和妈妈分享自己在现实世界中的所见所闻。他不再一遇到问题就求助于大人，而是先尝试自己解决。他的自律能力有了显著提升，能够按照计划管理自己的时间和活动。

问题的解决不仅仅是纠正行为的过程，更是一个培养孩子内在品质的过程。我们希望孩子们能够学会独立思考，勇于面对问题，拥有自我管理的能力。这不仅是对个体生命的塑造，更是对整个社会未来的贡献。

第二章

在家一条"龙"在外一条"虫"，怎么办？

——如何塑造孩子的自信心

自信是一种关键的内在驱动力，它赋予孩子信念，让孩子相信自己的价值，激发他们勇于尝试，无惧失败。在孩子的成长之旅中，自信心宛若一盏明灯，指引他们勇往直前。

　　然而，在现实生活中，我们经常发现孩子在家如同活泼的"小龙"，一旦踏入外部世界却变得像蜷缩的"小虫"，不敢迈步，这种现象深深困扰着父母的内心。家长们都期望孩子无论身处何地，都能自信地抬起头，坚定地迈出步伐。然而，自信并非与生俱来，需要在日常生活中一次次地尝试和在肯定中逐渐培养。

　　例如，当孩子经历失败或批评后，可能会开始怀疑自己的能力，甚至会对自己产生负面看法；许多孩子每天不知道该做什么，或者总是拖到最后一刻才开始行动；面对新挑战或困难时，他们常说"我不敢"或"我不会"；遇到问题时，他们可能会抱怨或逃避；做事时容易半途而废，缺乏坚持到底的毅力；孩子总感觉自己没有动力、没有力量；等等。当孩子出现这些情况时，作为家长，我们应该收起焦虑，因为这是建立孩子自信心的最佳时机。

　　让我们一起翻开这一页，开启一段塑造孩子自信心的旅程，让孩子们在家长的陪伴中茁壮成长，自由飞翔。这不仅是对孩子的投资，更是对未来的种植。现在，就让我们开始吧，建立孩子的自信，从这一刻起步。

孩子自卑时：
两个小故事，帮助孩子轻松建立自信

———————

　　记得初次见到萱萱时，她目光闪烁不定，头垂得很低。她似乎渴望与我交谈，却又犹豫不决……她的唇腭裂吸引了我的注意。看到这个孩子内心深处对自己的否定，我的心情十分复杂。一个生命就该因为自己的外貌而背负着沉重的压力就此度过一生？不！我想要走进这个孩子的内心世界，帮助她重新发现自己的价值和光芒。

　　带着这样一个信念，我找到了孩子的妈妈，她也完全敞开心扉，讲述了她生养萱萱的整个心路历程：她和丈夫婚后多年不孕不育，经历过培育试管婴儿的无奈和曲折；在孕期筛查出"唇腭裂"时的痛苦和纠结；见到孩子第一眼时的愧疚、恐惧和几近崩溃的状态；孩子一岁前遭受家人的冷眼、埋怨和排斥，尤其是丈夫想要离婚的打算给她带来的孤独、无助和绝望；她带着女儿准备跳下河的瞬间，女儿天使般的笑脸，给了她活下去的勇气；丈夫的转变和支持给她带来的力量；孩子多次手术的痛苦和压力；孩子的第一声"妈妈"给她带来的感动和信心；女儿幼儿园阶段的种种遭遇和日常的满地鸡毛；女儿刚读小学一年级的种种困境以及对未来的极度担忧迷茫……

　　听完萱萱妈妈将近3个小时声泪俱下的倾诉，我决定全力以赴帮助这对母女。

◯ 案例故事

　　萱萱每天放学回来都会说："妈妈，我没有朋友，没人愿意和我交朋友。他们说我是丑八怪，我只能一个人玩，除了两个老师和我说话，别人都不理我。我不想上一年级了，好烦呀！"

　　这段时间，妈妈也身心疲惫。一方面是因为孩子上一年级遇到的问题，另一方面是因为自己刚接触新的教育模式，什么都不懂。由于自己的不自信，她不敢向别人请教，感到很自卑。回到家，看到孩子哭哭啼啼，她心烦意乱，脾气暴躁，大声对女儿说："哭什么哭！为了你得到更好的教育，我选择了工资低又很累的工作，就是想有周六、周日和节假日可以陪你。你呢？遇到一点事情就哭！"

　　萱萱妈妈知道，在谈论这些话题时，女儿的心灵又受到了一次伤害。这种伤害还是她这个做妈妈的给的，她很后悔。事后，她跑到卫生间狠狠地给自己俩耳光，大哭一场。萱萱看到妈妈哭，就慢慢地靠近她，说："妈妈，没有同学和我交朋友，那我就自己玩吧！"妈妈一把抱起萱萱，跟她说："对不起，妈妈吓到你了，妈妈会慢慢调整。"

　　萱萱妈妈在描述这个过程的时候泪流不止，一部分是因为她的自责与内疚，一部分是来自她的无力与委屈。接下来，我帮助萱萱妈妈引导萱萱直面事实与真相。

★ 故事代入

晚上洗漱后上床，萱萱妈妈一如既往地给萱萱讲故事，而今天和以往的故事有区别，今天想通过故事来引导萱萱正确地看待自己。

在一个遥远的森林里，住着一群快乐的小动物们。他们每天都在树林中嬉戏，享受着大自然的恩赐。然而，不是所有的小动物都对自己的样貌感到满意。

小兔是其中最活泼的一个，但它总是觉得自己太小了。它羡慕大象的高大和狮子的威猛，常常感叹："如果我能大一点，能像它们一样强大就好了。"

与此同时，长颈鹿则因为自己的高大而感到苦恼。因为它太高了，总是弯着脖子吃地面上的草。长颈鹿羡慕小兔和其他小动物能够轻松地吃到地面上的食物，它叹气说："如果我能矮一些，就不用这么辛苦了。"

一天，一场突如其来的火灾威胁到了所有小动物的安全。火势迅速蔓延，所有的小动物都惊慌失措。就在这时，小兔发现了一条小路，它的心中闪过一个念头："我身材矮小，可以利用优势钻过这个狭窄的洞，或许能找到逃生的路。"它钻进洞中，果然发现了一条通往安全地带的小径。它立刻回来告诉其他的小动物们，带领大家一起逃离了危险。

　　而在另一边，长颈鹿也发现了自己的优势。它把长长的脖子高高地伸出火海，引导大家走向安全地带。它高昂的脖子成了大家的灯塔，指引着小动物们前进。

　　最终，所有的小动物都安全地逃离了火灾。它们围坐在一起，感慨万分。小兔说："我以为我的小是缺点，没想到却成了我们逃生的关键。"长颈鹿也说："我也以为我的高是负担，没想到却成为大家的希望。"

　　从那以后，小动物们都明白了，每个人都有自己的优点和缺点。只要正确看待自己的不足，将它们转化为力量和优点，就不会再为自己的不完美感到苦恼。他们学会了欣赏自己的独特之处，也学会了互相帮助，共同面对困难。

　　每个生命都有其存在的价值和意义，无论大小、高矮、胖瘦、美丑都有自己的优势。

　　听完故事，萱萱说："妈妈，我是不是也有价值？"

　　"当然呀！"妈妈坚定地说。

　　每个生命都是宝贵的，都值得被温柔对待，每个人都需要认识到自己存在的意义和价值。我们需要正确地看待自己的缺点，勇敢地发挥自己的优势。显然，萱萱听完这个故事后深有感触。

　　★ 正向引领

　　故事讲完了，萱萱妈妈这样跟孩子沟通："孩子你看，就像我们刚刚听到故事里的小兔和长颈鹿一样，每个生命都有其特别的地方。可能有时候我们会觉得自己不够好，或者觉得自己有些地方不如别人，但那正是我们独一无二的标志，对吧？"

萱萱低着头不敢直面。

妈妈继续说:"萱萱,无论什么时候,我们都不能小看自己,每个人都有自己的闪光点,重要的是我们要认识到自己的优点,勇敢地去展现它们;同时也要接受自己的不足,努力去克服不足或者找到方法让这些不足变成我们的特色。妈妈要告诉你:无论你长什么样子,在爸爸妈妈心里你永远都是最独特的,任何人都无法代替,你也要坚信,你是这个世界上独一无二的。"

孩子的自信心很大程度上受到成人和外部环境评价的影响。如果孩子从出生后一直感受到的都是自己的长相让家人难堪,那么他可能会对自己的样貌产生怀疑。如果母亲能够给予孩子正向的引导和支持,那么孩子就会获得力量,从而建立自信。

★面对事实

"女儿,你虽然不完美,但是你很善良,很努力,也很上进,你有很多很多的优点,你要勇敢地面对自己唇腭裂的现实,你要拿出勇气告诉你的同学们:我从出生起就是唇腭裂,但这并不影响我是个独一无二的人,我就是我!"

萱萱听完后,小脸红扑扑的,她高兴地说:"妈妈,我知道怎么和同学们说了,原来我是独一无二的!"

妈妈的语言,让萱萱明白了,每个人都是无可取代的,应该为自己的独一无二感到高兴和自豪。

★ 后期反馈

没想到第二天放学时，萱萱满心欢喜地飞奔到妈妈的怀里，说："妈妈，我用你教我的方法跟同学们表达了，没想到，有一个同学愿意和我做朋友，我有好朋友了！"妈妈第一次看见女儿充满亮光的眼睛和灿烂的笑容，开心极了。

后来，萱萱有了很多朋友，在班里还当上了小组长，她特别爱帮助人，她变得越来越开朗，越来越幸福。萱萱妈妈和我说，她和女儿的关系更亲密了，一放学回来女儿的小嘴巴说个没完没了的，她自己的身心也放松下来了。

当我聆听着萱萱妈妈的表达，目睹这对母女重新找到生活的光芒时，我深感欣慰。我知道，还有许多像萱萱一样的孩子在寻找自信，我希望帮助他们认识到自己的价值和独特之处。因此，我创作了一本以萱萱的故事为蓝本的绘本，希望全天下的孩子都能通过阅读它找到自我认同，为自己的独一无二感到自豪。

附：《独一无二的我》

袋鼠爸爸和袋鼠妈妈相爱结婚了，他们过着幸福甜蜜的生活。

他们非常渴望有自己的孩子。

这一天，袋鼠宝宝出生了。袋鼠爸爸和袋鼠妈妈非常兴奋，非常激动。

但是，当看到小袋鼠的那一刻，袋鼠妈妈愣住了，她不敢相信自己的眼睛，惊愕地哭喊着："天哪！怎么会这样！"原来小袋鼠的嘴巴非常奇怪，只有一半，是畸形的。

袋鼠爸爸看到这一切，很崩溃，默默地离开了。

看着可怜的小袋鼠，袋鼠妈妈心疼极了，她下定决心，要好好养育小袋鼠。

小袋鼠一天天地长大，爸爸从来没有抱过她，也不带她出去玩，她很难过。

不管走到哪里，大家都不喜欢和小袋鼠玩，还嘲笑她，嫌弃她。

小袋鼠越来越不开心，越来越不自信，常常一个人发呆。

慢慢地，袋鼠妈妈也觉得看不到希望了。她陷入了深深的自责和愧疚中，恨自己没有给袋鼠宝宝一个健康的身体。

有一天，袋鼠妈妈和袋鼠爸爸又吵架了，袋鼠妈妈好绝望，决定抱着小袋鼠一起结束生命。

当袋鼠妈妈抱着小袋鼠正准备跳下悬崖时，小袋鼠就像天使一样对着袋鼠妈妈笑了。

那一刻，袋鼠妈妈被感动得哭了，她下定决心，无论以后有多艰难，都要好好地活着。

日子一天天过去了，小袋鼠到了该上学的年龄。开学第一天，小袋鼠开开心心地背着书包来到学校。

可是，小朋友们都不喜欢她。

"你是个丑八怪。"

"我们不喜欢你，我们不要跟你玩儿！"

"你是从哪里来的呀？真是个大怪物！"……

小袋鼠觉得，世界上除了妈妈，没有人喜欢自己。她甚至怀疑自己真的是个怪物。她好难过，好孤独，再也不想上学了。

她刚走出校门，准备回家。迎面碰到情商乐园中的小白熊维维。

"哎，同学，马上要上课了，你怎么不进去呢？"维维说。

小袋鼠低着头小声说："因为我是一个丑八怪，没有人喜欢我。"

维维说："你怎么可以这样说自己呢？不管你长成什么样子，这世界上没有第二个你，你是独一无二的。"

听完维维的话，小袋鼠又诧异又惊喜，她怯生生地抬起头，"你看我的嘴巴，和大家都不一样，你不觉得我是怪物吗？"

维维一本正经地回答："怎么会呢？你看，你的嘴巴跟别人不一样，你的长相跟别人不一样，你的身材跟别人不一样，你的兴趣爱好跟别人不一样，你的想法也跟别人不一样，你就是独一无二的呀！我们每个人都是独一无二的，我们应该喜欢自己的独一无二。"

维维的话就像一束温暖的光照进了小袋鼠的心里，她感到了从未有过的温暖。

维维又说："你要勇敢地面对自己，大胆地告诉别人，你就是独一无二的，你喜欢自己的独一无二。"

听了维维的话，小袋鼠鼓起勇气，大胆地转头回到了学校。

小袋鼠来到曾经嘲笑自己的同学们面前，坚定而有力地说："我生下来就是这样，虽然和你们都不一样，但我是独一无二的。""虽然大家不喜欢我，但我愿意努力成为最好的自己。"

当小袋鼠勇敢地表达出了自己的想法后，所有的小动物们都很惊讶，都被她的勇气和善良吸引了，大家还为小袋鼠热烈地鼓掌。

从此，小袋鼠非常喜欢上学，她学习非常勤奋，还特别喜欢帮助同学们。

后来，小袋鼠成了学校里最受欢迎的人。

孩子每天不知道要做什么：
试试日常惯例表，轻松掌控时间

在孩子成长的道路上，家长们是否遇到这样头疼的问题——拖延与磨蹭。这种看似无伤大雅的小毛病，常常是家长焦虑情绪的隐形导火索。尽管我们知道不断的催促和唠叨可能会影响孩子的自主性，但当我们看到孩子无所事事或做无意义的事情时，内心的怒火便不由自主地升腾起来。

案例故事

傍晚时分，疲惫不堪的凯凯妈妈已经将晚饭准备就绪，但凯凯依旧沉浸在卡片世界里。妈妈的耐心如同绷紧的弦一般，终于到达极限，她声色俱厉地吼道："能不能赶紧把自己该做的事做完？能不能把鞋子换了，手洗了？每天都是'知道了'，每天都是这样，能不能操点心？我也不想每天催你，你为什么总是这样？我每天已经够累了，你能不能不要让我再处处提醒你了。"

这突如其来的严厉斥责让凯凯愣在原地，不再翻动手中的卡片，他的眼神中充满了困惑和震惊。妈妈激动的情绪最终化为泪水，她感到无比的挫败和心痛。

凯凯妈妈的焦虑情绪在孩子拖延行为面前显得尤为强烈。日复一日，每当看到孩子那副拖沓的模样，她便难以抑制自己的冲动，想要大声斥责，以发泄内心的不满和焦虑。

面对这样的困境，凯凯妈妈在矛盾中摇摆不定。一方面，她希望孩子能够自觉、高效地完成自己的事情；另一方面，她又担心过度的催促会削弱孩子的自我驱动力。妈妈的情绪随着孩子的每一次拖延而起伏波动，她渴望找到一种平衡点，既能促使孩子行动起来，又不损害孩子的成长空间。

解决方法

★ 真诚表达，以爱为先

向孩子坦率地表达自己的情感，使孩子感受到妈妈的爱意与诚意。这样的真诚对话，不仅能够修复因发脾气可能对孩子造成的创伤，还能让孩子内心确信妈妈对自己的爱。这种信任的建立，会使孩子更愿意与妈妈进行沟通。

找一个比较愉快轻松的时刻，妈妈可以与孩子沟通说："凯凯，妈妈很爱你！但是有的时候妈妈真的没办法控制好自己的情绪，总是催促你，唠叨你，为此妈妈也好难过，每次跟你发完脾气妈妈也很后悔。"

★ 启发提问，让权孩子

"为了让妈妈不再催你，不再向你发脾气，儿子，从放学后到睡觉前这段时间我们一起计划和安排一下，你愿意跟妈妈一起来讨论一下吗？我想听听你的想法和决定！"

这个时候我们一定要跟孩子强调让孩子自己来安排，孩子要参与计划的制订，成人要倾听并且尊重孩子的意见，让孩子能够主动表达自己的愿望，而不是用拖延的方式来表达抗拒。

★头脑风暴，列出清单

凯凯表示同意。妈妈拿出一张纸，画了一个表格，提醒凯凯说："你看你放学之后可能晚上六点左右到家，晚上我们在九点半要上床睡觉。那么这段时间，我们有哪些事情要完成呢？你可以告诉妈妈，妈妈帮你记录下来。"（这个时候凯凯就会去头脑风暴）

凯凯说："我要吃饭、写作业、还要去楼下玩儿一会儿，晚上我还要刷牙、洗脸、睡觉，对了！我还要看电视、玩手机游戏。"凯凯一股脑说了一连串。

妈妈提醒孩子说："我们从进门开始，把每件事都列一下，想想我们每天一进门要干什么？"

凯凯马上脑洞大开说："放书包、换鞋、洗手、吃零食，还有看电视、写作业、玩游戏、吃完饭、下楼玩、洗脸、刷牙、洗脚、上床睡觉……"凯凯一股脑说了很多。

妈妈以欣赏的口吻说："真不错，我儿子能想到每天回家要做这么多的事情！是不是还要有亲子时光啊？是不是还要准备明天早上要穿的衣服呀？"

与孩子共同进行头脑风暴，梳理并列出就寝前应该完成的各项任务，制定详细的时间表来规划放学后的时间。通过适度提醒的方式引导孩子，而非强制性命令或安排。在梳理过程中，细致地把每日待办事项记录于日常惯例表上，以便孩子清晰地了解每日的任务。鼓励孩子主动思考和表达，通过这种反复的审视和讨论，达到强化记忆和明确责任的目的。

★ 形成惯例，便于执行

写完之后，妈妈问凯凯："我们一起来做个调整，你想第一件事情，先做什么，为什么呀？"

凯凯说："第一件事情要换鞋，因为进门每天都要换鞋。"

妈妈表示认同，并且感恩凯凯能够照顾到家庭的环境卫生，能够想到第一件事情是换鞋。接着，与凯凯继续讨论，第二件事情做什么，为什么？直到把所有的事项都按照孩子的意愿进行编号排序。

在排好这个时间顺序之后妈妈又建议凯凯："你可以在每件事情之后画一幅画，或者妈妈可以给你拍一张照片，贴在你的这个日常惯例表上面，这样便于你记住。"

凯凯高兴地答应了，做好之后把这张日常惯例表贴在家里最醒目、可以随时看到的地方。接下来的日子凯凯与妈妈坚持按照计划执行，最终获得了母慈子孝的温暖画面。

日常惯例表做好之后，很多家长会说："那我是不是就解放了？"当然不是，要给孩子留出一段时间来缓冲和调整。比如，本身计划晚上七点钟开始写作业，但孩子在六点半的时候，打开电视看动画片儿，如果在这个过程中，你让孩子看到一半，突然就关电视，孩子肯定不情愿。在惯例表执行的过程当中，会出现各种各样突发情况或者跟实际情形有冲突的地方，这很正常。那这个时候可以怎么办？我们可以和孩子一起重新讨论，调整惯例表。在这个过程中作为父母，我们一定要牢记自己只是引导者和陪伴者，而不是主导者和裁判者。孩子才是主导者，一旦我们作为父母越界，就会变成控制，那这个时候孩子就只能被动接受，消极对抗。

日常惯例表不仅是一份简单的时间表，而且是一种教育工具，能够逐步培养孩子的时间观念和自我管理能力。这张表是把孩子需要完成的任务清晰展现出来，从吃饭、学习到玩耍、休息，每项活动明朗、可视化，激活孩子的自我管理能力。

为确保计划与实际生活相契合，制定日常惯例表的注意事项如下：

1. 记录形式可以是照片或绘画，较大年龄的孩子亦可自行书写。

2. 让表格本身发挥主导作用，必要时示意观察表格，以便完成下一项任务。

3. 不要将物质奖励纳入日常惯例中（因物质奖励可能会削弱孩子的内在动力），可以赋予孩子一定的仪式感，例如在坚持一段时间后庆祝以表彰其努力和坚持。

4. 切忌在日常惯例表中仅安排学习任务。应平衡分配娱乐、生活以及学习等各项活动的时间，使日常惯例表成为真正意义上的日常管理工具，而非单一的学习计划。

5. 日常惯例表实施初期，应根据遇到的实际情况进行定期回顾与讨论，分析未按计划执行的任务，寻找原因。通过讨论和调整，直至孩子能够独立根据日常惯例表管理自己的行为，最终形成稳定的习惯与秩序。

6. 让孩子参与计划制订至关重要，孩子更愿意遵守自己提出的规定。

附：日常惯例表模板

序号	时间	活动安排	插画描述	价值与意义
1	18:00—18:30	轻松时光	换鞋、洗手、放书包、品尝水果零食	照顾自己、照顾环境
2	18:30—19:30	专注工作	写作业	完成自己的工作，承担责任
3	19:30—20:00	美味晚餐	共进晚餐	享受美味、照顾自己
4	20:00—21:00	自由时光	玩玩具、户外活动、画画、看书、玩游戏、看电视等	自由支配自己的时间、做自己的主人
5	21:00—21:30	洗漱护理	刷牙、洗脸、洗脚（根据孩子的能力清洗个人物品、准备第二天早上服饰）	照顾自己、具备服务自己的能力，成为独立的人
6	21:30—22:00	亲子时光	亲子阅读、亲子游戏、亲子谈话	享受亲子陪伴、补充爱的能量

以上内容为示例性表格，您可依据孩子的兴趣及日常活动进行相应调整。

孩子总说我不敢、我不会：
"勇敢犯错"会迎来更多可能

孩子在成长的旅途中难免会遇到挑战，在面临挑战时，他们会发出"我不敢""我不会"的声音，这些声音是孩子内心恐惧和不自信的真实写照。在我多年的教育工作经验中，我发现有些孩子在面对新事物时会表现出胆怯和逃避。这并不奇怪，因为未知总是让人感到害怕。但是，如果被这种恐惧感主导，孩子将会失去探索世界的勇气和信心。

案例故事

桂花树下，一群小班的孩子围坐在草坪上嬉笑，老师正拿出一套新的游戏器械，准备引导孩子们进行一项充满挑战和乐趣的活动。小宇独自站在角落，目光中透露出对新游戏的好奇。但当老师微笑着邀请他加入时，小宇立刻摇头，嘴里重复着："小宇不会，小宇不会。"

老师尝试用温柔的话语来安抚他："小宇，没关系的，我们都是在学习中慢慢变厉害的。看，老师先做一步，你跟着做一步，我们一起完成它好不好？"但小宇依旧不肯迈出那一步。他的眼泪如断了线的珍珠一般滚落下来，身体微微颤抖，显得无助又迷茫。

经过与小宇父母深入沟通，了解到小宇的父母因工作繁忙，鲜少有时间亲自照看孩子。由于祖辈又不在身边，小宇的日常照顾全部由保姆负责。起初小宇父母觉得保姆人很好，对孩子的照料非常细心，衣食住行安排得妥妥当当，并未意识到这种过度包办可能带来的后果。直至小宇在幼儿园与其他孩子相处时，父母发现孩子的勇气和自信严重不足，这才开始认识到问题的严重性，他们也越来越担心孩子会因为缺乏自信而失去成长的机会。

在获得小宇父母的同意后，我计划深入班级，与班级老师合作，从日常生活的细微之处着手，逐步帮助小宇建立自信。

解|决|方|法

★抓住契机，由被动到主动

一天的户外活动结束后，孩子回到教室，准备洗手饮水。就在这个时候，小宇再次重复了他惯常的话："我不会，我不会。"

我轻轻地走到小宇身边，蹲下来握住他的手，凝视着他的眼睛，缓慢而温柔地说："小宇，你可以对老师说'老师，我需要你的帮助。'这样，老师就会过来帮你了。你试试看。"

小宇瞥了我一眼，嘟起小嘴，低着头，扯着自己的衣角，沉默不语。

我稍作停顿，握着他的小手继续说："蓝天妈妈陪着你一起向老师说，好不好？"

小宇默默地点了点头。

我牵着他的小手，走向老师说："老师，我需要你的帮助！"

高老师非常配合地回应了我："好呀，我很乐意帮助你。"

我迅速带着喜悦的语气说："谢谢老师。"

然后我又蹲下来对小宇说："小宇，你也来试试，我会陪在你身边的。"

小宇轻声细语地说："老师，我需要你的帮助。"说完，他又低下了头。

老师立即蹲下来，用温和的声音说："好呀，小宇，我很乐意帮助你。"

在老师的协助下，小宇顺利地完成了洗手的过程。他看了看我，似乎感到轻松了许多。我温柔地摸了摸他的头，给予他坚定而温暖的回应。

当孩子说出"我不会"时，成人不宜立即否定他们的感受或迅速提供解决方案。在捕捉到孩子表现出不自信的信号时，应巧妙地利用机会，引导孩子用"老师，我需要帮助"这句话，来替换孩子常说的"我不会"。表面上看起来仅是简单地改变了一句表达，实则是从被动思维向主动思维转变的重要一步，这样的转换让孩子感受到来自周围的支持而非压力，为后续的指导和鼓励打下了基础。

★持续协助，由不敢到勇敢

小朋友们在水杯架前准备饮水时，只见小宇手轻抚着嘴唇，目光跟随着其他小朋友一个又一个接水的动作，自己却静立不动。

我再次走到他身边蹲下，问他："小宇，你需要蓝天妈妈的帮助吗？"

他轻轻地点了点头。

我装作疑惑地说："可我分不清哪个是你的水杯，我怎么能帮你接水呢？"

小宇闻言，立即转身向水杯架走去，拿起自己的水杯递给我。

我故作惊讶地对老师们说："天啊，小宇已经能认出自己的水杯了，而且知道是7号！"

老师们回应我说："是啊，我们以前总是帮小宇拿水杯，没想到他已经有能力自己做这件事了。"

听到我们的交谈，小宇嘴角露出了难以隐藏的笑容。

我趁机抱着小宇说："你这个小家伙，已经悄悄学会了这个本领，却没让我们发现。"

我又试探性地提议："来，你能展示一下接水的本领吗？"

小宇马上退缩，带着哭腔说："我不敢，我不敢！"

我平静而温和地回应："没关系，小宇还没准备好，蓝天妈妈会帮助你的。"

小宇这才放松下来。

当我准备接水时，我鼓励他："小宇，我来拿着杯子，你帮我按水龙头怎么样？我们可以配合完成。"

小宇小心翼翼地靠近保温桶，我能感受到他的谨慎和想要尝试的心态。

我继续引导："你可以试试，如果不行，蓝天妈妈随时在这里帮助你。"

小宇伸出一根手指尝试轻轻按了一下，但没能成功，他看向我。

我没有说话，只是用手指示范正确的方法。

小宇立刻理解了，用尽全力按下，水顺畅流出。就在水即将盛满时，小宇慌乱地松开手，水流停止了。那一刻，从他的眼神中，我看到了初次体验到自主控制身体的那份喜悦与惊奇，那是自信的光芒。

我迅速递给他水杯，并告诉他："小宇，这是你亲手接到的水，是你挑战自我、勇敢尝试的结果。感谢你让蓝天妈妈见证了你的成长。"

小宇连连点头，对自己表示肯定。他大口大口地喝着自己接到的水，而我静静地欣赏着他。

正如蒙台梭利博士所言："当孩子能够独立地完成某项工作时，孩子的自尊和自信就可以得到发展，孩子学到的技能可以使他们逐渐自立。"实际上，孩子从降生的那一刻开始，就一直在争取独立，并通过模仿大人的行为来达到"独立"这个最终目的。孩子通过独立地做一些事情，会获得一种成功感，这种成功感一点一滴地积累起来，将会有助于孩子形成独立、自主、自信的品质。

然而，小宇那份渴望独立的能量受到了限制，要再次打开孩子心灵之门，需要跟随孩子的节奏，慢慢地重新协助小宇建立自信。这个过程是漫长的，需要持续对小宇加以协助，直到小宇完全信任自己为止。

★一个关于英雄的故事，由相信到自信

整个过程中，老师们都目睹了小宇的转变。饮水结束后，孩子们围坐在垫子上，老师宣布要讲述一个关于英雄的故事，而故事的主角正是我们班的小宇。听到这里，所有孩子都好奇地望向小

宇,而他则露出惊讶且略带不自然的表情看向我。我轻拍小宇的肩膀,肯定地说:"是的,你今天确实是位小英雄,战胜了自己的小英雄。"

老师将小宇拥入怀中,生动地向其他孩子们讲述了小宇是如何学会主动说"老师,我需要你的帮助",如何找到并认出自己标号为7的水杯,以及他如何勇敢尝试第一次自己操作水龙头。今天,小宇突破了自我,从"我不会""我不敢"到勇于尝试、敢于突破。老师建议大家为这位班上的小英雄热烈鼓掌。随着老师的引导,孩子们齐声为小宇喝彩。小宇展现出纯真的笑容,这是他入园以来笑得最甜美的一次。

这种肯定和认可对小宇而言,将赋予他更多的安全感、更大的勇气,使其更坚定地相信自己是有能力做到的。

随后,在午餐时分,小宇主动表达了:"我想要自己来。"

老师们激动地对我说:"听到小宇说'我想要自己来'的时候,我的眼眶立刻充满了泪水。就在那一瞬间,我仿佛看到一颗被巨石压住的小草终于破土而出,那份感动无以言表。"

自信是建立在一次次尝试和经历的基础上。因为在孩子的世界里,每一次"我不敢"的背后,都是一道等待开启的自信之门。让我们一起鼓励孩子勇敢尝试,不断打开他们生命的可能性。

孩子遇到问题就抱怨：
正向激励，帮助孩子建构责任感

孩子在成长过程中，难免会遇到诸如学习困难、同伴冲突、生活中的不如意或者小挫折等等。如果他们的第一反应是抱怨，把责任推给别人，而不是积极寻找解决问题的方法，成人该如何引导？

案例故事

周一清晨，妈妈如往常一般前去唤醒月月。起初，月月还带着困意表示想要再睡会儿。妈妈提醒她："昨天不是让我早点叫你起床吗？快起来，你还有一项作业未完成，今天周一，老师肯定会检查的。"听闻此话，月月立刻坐起，泪眼婆娑地责怪妈妈："都怪你！都怪你！为何不早点叫醒我？"一边说着，一边打向妈妈。

妈妈一边拉着月月，一边协助她穿衣服，而月月却不停地抱怨。而且，月月的哭声还加剧了，边哭边抱怨道："你弄疼我了，坏妈妈！"手不停地打着妈妈。妈妈的愤怒值即将爆表，一场母女大战一触即发！

月月妈妈万般无奈之下，给我打来求助电话……

妈妈疑惑不解，月月为什么会有这样的行为，为什么总是抱怨别人？其实，这是孩子本能的一种自我保护机制。当孩子遇到问题时，他们会本能地寻找一个出口，来释放自己的情绪，而抱怨和推卸责任，就是一种简单有效的方法。但是，这种行为并不能解决问题，反而会让孩子陷入更深的困境。因此，当孩子总是遇到问题就抱怨，这可能是孩子向成人发出的求助信号。我在电话里，指导月月妈妈这样跟孩子沟通：

解决方法

★ 同理情绪、欣赏动机

首先，觉察到月月的情绪，理解她发脾气背后的积极意图。这种理解和接纳会使孩子的情绪逐渐平和下来。

"月月，当你一听到作业单尚未完成，便表现出焦虑，担心来不及写。你又认为妈妈太晚叫醒你，就不能及时完成作业。妈妈感受到你想要尽早完成作业的迫切心情，并且欣赏你把作业看得这么重要。"

★ 明确界限、给予协助

"对于你打妈妈、埋怨妈妈太晚叫醒你的行为，妈妈感到十分委屈。妈妈很爱你，但是妈妈不同意你用这样的行为对待妈妈。无论遇到什么困难，妈妈都愿意与你共同面对，一起解决。"

听完妈妈的诉说，月月的情绪逐渐平复。月月问："那今天你能帮我穿衣服吗？"

妈妈回答："当然可以，你看，你马上就想到了一个节省时间的好方法。"在妈妈的协助下，月月迅速穿好了衣服。

妈妈坚守自己的立场，坚决拒绝孩子用抱怨的态度来处理问题。这种坚定为孩子树立了有益的价值观："拒绝并不构成伤害，情绪化地纵容才会造成伤害。"这种明确而坚定的态度表明，用抱怨的方式是无法解决问题的，也不允许用抱怨的手段来处理问题。如果被允许，孩子就会认为抱怨是有效的，甚至认为对妈妈的指责埋怨也是有成效的。

★引导思考、积极面对

妈妈接着问："月月，你打算先写作业，还是先洗漱？"月月说："我要先写作业。"妈妈说："那你就写吧，我去洗漱了。"

不久后，又听见月月不满地抱怨："这彩铅怎么用完了？谁给我用完的？"一边说一边带着哭腔。妈妈问："月月，你认为怎样才能解决这个问题？"月月立刻想到了使用卷笔刀。

妈妈马上欣赏道："月月，我看到你已经在试着自己解决问题了。遇到问题时，积极思考，尽力解决问题，会让我们更有动力。"

月月听到妈妈的欣赏，更加专注地完成自己的作业。

妈妈抓住教育契机，激励月月寻找解决问题的方法。月月迅速调整了自己的心态，而妈妈敏锐地捕捉到了孩子的正面品质，并给予赞扬，以此强化月月面对问题时的正向态度，协助她体验了积极面对挑战的美好感觉。

★ 正向激励、复盘升华

上学的路上，妈妈把今早的事件当作一个教育机会，于是和月月进行了一次反思。

妈妈很真诚地说："月月，我想向你道歉，今天早上我没能控制好自己的情绪。妈妈是太急躁了，说了责备你的话。当你打我、埋怨我时，我就控制不住自己了。当时你是什么感受呀？"

月月低着头说："不舒服。"

妈妈继续追问道："那你希望这种情况再次发生吗？"

月月回答："不希望。"

妈妈说："那我们来讨论一下，为了避免这种情况再发生，我们应该怎么做呢？"

月月说："我也不知道。"

妈妈用安慰的口吻说："不管遇到什么问题，你都不必害怕，因为每个问题的出现都是帮助我们成长的机会。就像早上你的彩铅用完了，你想用卷笔刀来解决一样，只要我们有问题，想办法解决就可以。"

"可是，如果有的问题我不会解决怎么办？"月月好奇地问。

妈妈轻松地回答："这个问题问得真好！当你不会解决的时候，可以寻求别人的帮助。妈妈要告诉你，只要你需要，妈妈和爸爸会一直陪伴你面对问题，因为问题的出现，在促使我们成长。当我们勇于为自己的问题负责时，就会拥有无穷的力量。接下来我们可以一起尝试。"

月月满足地点点头说："好，我想成为有力量的人，不怕问题。"

在之后的日子里，月月遇到问题时，会停下来想一想，而不是立即抱怨。老师和家长也会给予月月积极的反馈，强化她的正向行为。

复盘事件的重要性不可小觑，它是关键性的。在事情发生时，我们往往难以保持理性，正向引导，而事后的复盘能将所遇问题转化为学习的契机，帮助孩子在面对问题时积极思考。

月月妈妈在带领孩子进行复盘的过程中，引导她理解每个人都会遇到问题，这是生活的一部分。遇到问题时，我们不能简单地将责任推诿给他人，而应勇于担起自己的责任。这会让孩子明白，抱怨无助于解决问题，唯有积极地应对才是解决之道。同时，无论发生何种问题，父母总会在一旁给予支持，也会给予孩子安全感。通过这样的引导，孩子将逐渐获得调整自己行为的力量，学会面对问题，并培养其责任感。

孩子做事坚持不了：
可视化的欣赏让孩子变得有力量

孩子的成长过程中，常见的问题就是他们在做事情时难以长期坚持，往往是开始很积极，但后期就放弃了。这种行为不仅会影响他们持续学习的效果，也会阻碍他们个人的发展。

案例故事

小华（4 岁）对新鲜事物总是充满好奇和热情。无论是搭积木，还是完成一幅画作，小华往往开始时兴致勃勃，但不久之后就会变得心烦意乱，最终半途而废。一天下午，小华在家里画一幅美丽的彩虹。开始时，他非常专注地挑选颜色，仔细地描绘每一条弧线。但随着时间的推移，小华开始变得不耐烦，线条变得草率，颜色也开始混杂在一起。最终，他愤怒地将画笔一扔，宣布自己不想再画了。

妈妈走向前去，试图说服小华继续完成画作，可小华却转身跑到厨房找吃的，说饿了，不想画了。这让小华的妈妈感到非常焦虑，担心孩子养成不良的习惯，未来在面对挑战时会轻易放弃。

孩子为什么会有这样的行为？其实，这是因为他们缺乏力量感，即，对自己能够完成任务的信心不足。当他们遇到困难时，可能会感到气馁和沮丧，从而选择放弃。因此，我们作为家长需要协助他们建立力量感，让他们相信自己有能力完成任务。对于小华的情况，我这样引导小华妈妈：

解决方法

★趣味吸引，目标设定

妈妈安排了一个特别的家庭活动——体验成就时光。在这个活动中，小华可以选择任何他感兴趣的任务，如拼图、阅读、滑板、绘画或搭建积木模型等。

当妈妈宣布这个活动后，小华一如既往地积极。妈妈说："你今天试着选出一个你想要挑战的活动，然后我们把它当成我们这周的目标，看看我们坚持一周后，你会有哪些进步和成长，顺便看看你自己每天都会有哪些新的发现，妈妈来记录你的成长过程，你看可以吗？"

小华表示同意并且开心地说："好的，我想选拼图，而且想要马上进行拼图活动。"

通过有趣的方式，吸引孩子积极参与活动和体验，协助孩子明确目标，确保孩子清楚地理解接下来的行动及其背后的意义。至关重要的一点在于，参与任何活动不仅仅是为了活动本身，而是通过这些活动来提升孩子的能力。家长应记录孩子的成长变化，让孩子能够直观地看到自己的进步,这将激励他们持续努力,并在自我认识和自我掌控方面获得更多信心。

★ 协助引领,克服挫败

刚开始小华还比较认真,拼着拼着就找不到合适的位置了,而且各种尝试都找不到。小华的动作已经不受自己的控制了,把拼图到处乱放,眉头紧锁,嘴里还发出不耐烦的声音。小华开始感到挫败,下一步就会进入平时要放弃的状态。

妈妈很耐心地说:"你试着想象自己是一个勇敢的探险家,正在完成一项重要的任务,现在遇到了难题,接下来可以用什么办法解决呢?开动探险家的大脑,想想有没有好的办法。"

妈妈的引导让小华的情绪得到缓解,但各种尝试之后还是拼不出来。妈妈感觉按照小华现在的情绪状态继续下去,还是会放弃。于是妈妈提醒小华可以找到规律分类,然后再拼。在妈妈的指导下小华又重燃了动力。

可是,没拼一会儿,小华又出现了不耐烦的情绪。

妈妈继续温柔地说:"小华,你知道吗,每一个拼图块都像你生活中的一个小目标,在实现小目标的过程中会遇到各种各样的问题,但是只要你坚持不放弃,就能看到完整的图案,就能获得你想要的成就。妈妈陪伴着你,你一点点积累。妈妈相信,你会看到经过努力后成长的自己!"

小华听了妈妈的话,虽然有些不情愿,但还是重新拿起了拼图。妈妈并没有强迫他,而是选择陪在他身边,时不时地给予鼓励和赞美。终于小华在不断地调整之后,第一次没有放弃完成了一幅拼图。

妈妈高兴地说："看，你做到了！这幅拼图对于你来说是有一点挑战的。在这个过程中，妈妈看到了你好几次想要放弃，但是最终还是坚持了下来，战胜了自己！这幅拼图拼出来或者拼不出来都不重要，重要的是你在遇到困难时，没被困难打倒，并且战胜了困难。妈妈真的好欣赏你，第一次下决心体验成就时光，你就成功了。祝贺小华，你是好样儿的！"说完妈妈拍了拍小华的肩膀，给予他力量。

听妈妈说完，小华开心地说："妈妈，我明天还会拼，我还要战胜自己。"他的自信和力量油然而生。

小华妈妈指导小华认识并管理自身的情绪，使他理解做事时产生挫败感很正常，关键在于学会如何克服这种挫败感。她为小华提供了充分的支持和鼓励，在面对挑战时与他并肩作战，确保他得到及时的帮助。同时，她激励小华独立思考，自行解决问题，进而逐步培养起他的内在力量。小华妈妈始终维持着耐心，即便小华进步缓慢，她也不断鼓励他继续尝试。

在最终完成之后，小华妈妈的赞誉让小华意识到了自己的力量。小华妈妈通过言语的不断肯定，让小华对自己的突破和成长感到欢欣鼓舞，体验到了成就感，从而激发出了小华继续前进的动力。

★进步可视，自信坚定

为了让小华能够持续体验坚持到底的喜悦感、看到自己通过坚持后能力的提升，妈妈制定了一个可视化的表格，给予孩子前行的力量（见66页附件：成长记录表）。

随着时间的推移，小华开始更加专注于拼图游戏。他的小手变得更加灵活，眼神也变得更加坚定。他每次兴奋地举起拼好的拼图时，脸上洋溢着自豪的笑容。

通过这次经历，小华不仅学会了坚持和专注，还感受到了自己的成长和进步。同时妈妈也学会了如何以正确的方式引导和鼓励孩子，让孩子在成长过程中更加自信和有力量。

通过妈妈持续的引领与支持，小华逐渐表现出了更加顽强的毅力。他学会了在困难面前不退缩，逐步能够完成更为复杂的任务，也增强了自尊心和自信心。

对于孩子而言，坚持与专注是极为宝贵的品质，这需要在日常的生活中不断地进行培养和塑造。作为父母和教育者，我们可以通过积极的互动和正确的引导，激发他们的内在动力，使他们变得更加坚韧。同时，我们还应当学会赞赏孩子的努力与进步，并以可视化的方式让他们感受到自身的成长与变化，从而更加自信而坚定地迈向未来。

附：成长记录表

日期	进行的活动	每日进步点	妈妈的欣赏	自我评价
×月 ×日	例：拼拼图（照片）	面对困难自己想到的办法（照片）	面对几次困难都没被打倒，最终战胜了自己	☆ ☆ ☆ ☆ ☆

使用方法：

1. **每日记录**：每天选择一个孩子完成的活动进行记录，可以是学习、游戏、运动或其他任何有意义的事情。

2. **每日进步点**：记录孩子完成该活动时进步的地方，帮助孩子拍照记录，让孩子了解自己的成长情况。

3. **妈妈的欣赏**：妈妈在观察孩子活动过程中，及时给予积极、具体的反馈，让孩子感受到自己的努力得到了认可。

4. **自我评价**：鼓励孩子对自己的努力与坚持进行评价，可以使用星星或其他符号进行打分，让孩子对自己的进步有更直观的认识。（1～5分、☆～☆☆☆☆☆）

5. **定期回顾**：每周或每月与孩子一起回顾这个表格，讨论他们的进步和成长，让孩子看到自己的成长轨迹，增强自信心和动力。

6. **可视化的成长**：这个表格旨在以可视化的方式展示孩子的成长和进步，让孩子和家长都能看到孩子在不同方面的努力和成就。同时，通过妈妈的鼓励话语和孩子的自我评价，促进亲子之间的有效互动和沟通，进一步激发孩子的内在动力。

第三章

孩子总是没有安全感，怎么办？

——如何帮助孩子建立规则意识

谈到孩子的安全感，每位家长都不陌生。那么什么是安全感呢？简单来说，就是孩子对自己的生活环境、人际关系和自身能力感到放心和信任的程度。一个有安全感的孩子通常对自己和他人都充满信心，愿意尝试新事物，并具备应对挑战的能力。

想要建立孩子的安全感，非常关键的就是要建立孩子的规则意识。为什么要给孩子建立规则意识呢？最直接的原因即没有规则就是暴力，没有规则就是强权，没有规则就没有安全和自由。缘何如此呢？

因为儿童是弱势群体，他们的认知状态不可能超过成人，所以成人相对于儿童就是比较有权威的一方。如果没有规则，那便是强势的一方、更有说话权的一方、更有力量的一方来决定儿童的状态，由此说明没有规则就定然是暴力和强权。

规则，简单来说，就是大家一起遵守的约定。有了这个约定，不管是大人还是小孩，都必须遵守。这样就避免了暴力和强权，让每个人都感到安全，自由也随之而来。规则的本质就是明确界限，既适用于儿童，也适用于成人。

作为家长，我们要做的一件重要的事情就是在给孩子自由的同时，也要在家庭中建立规则，让孩子有足够的安全感。建立规则并不是要强迫孩子，而是要用爱的方式、重复的方式来践行每一条规则，也就是以温和而坚定的方式持续地与孩子一起完成规则意识的建立。这个过程可能需要反复 50 次、100 次，直到孩子逐渐将规则内化在自己的生命里。

面对孩子，我们要像对待第一次来到地球的外星人一样，耐心地告诉他们应该怎么做。当事情发生的时候，我们要与孩子共同面对，一起分析怎样做才更合乎规则，而不是一味地指责孩子做错了，这是我们在执行规则的过程中要始终牢记的。当孩子的规则意识建立起来后，孩子对自己的生活环境、人际关系和自身能力便可获得掌控感，内在的安全感自然会生成。

孩子行为粗鲁：
正确示范帮孩子建立边界感

规则就是用来告诉孩子什么可以做，什么不能做，它帮助孩子明白自己的行为边界在哪里。比如，不能随便碰别人的身体，不能拿别人的东西，也不能伤害别人的感情。如果做了这些事，那就是粗鲁的行为。

在我从事教育工作的这些年里，我发现刚进幼儿园的孩子们，很多都分不清楚什么是你的、什么是我的，对于物品的所有权很迷惑。按理说，孩子到了 2 岁左右，应该能区分"你、我"，但如果家长没有教他们这个概念，他们心里就不会有这条界线。

所以，当孩子们 3 岁开始想交朋友时，会因为分不清物品归属问题而发生冲突。一旦界限定清楚了，孩子们就能明白哪些行为是不可以的，这样他们就能更好地理解自己和这个世界的关系。

每个人都应该建立这样的认知：我的东西是我的，我的想法是我的，我的情感是我的，我的身体也是我的，我就要对我自己负责，你也要对你负责。建立这样的界限感，可以增强孩子的自主性和独立感，让他们知道自己的权利和自由在哪里。当孩子清楚自己的权利后，他们会感到更加安全。于是，在孩子们发生冲突时，我们要给孩子们做出正确的示范，让他们知道哪些行为是粗鲁的，会伤害自己、伤害他人或伤害环境，这样的事情是不可以做的。

那成人怎么判断哪些行为算是粗鲁的呢？这要从三个方面来看，即行为上、心理上和意识上。具体的内容，在 75 页的附录里有详细说明。

● 案例故事

某一天下班的路上，我接到一位家长的电话，说家里的两个孩子经常因为玩具或者零食发生冲突，今天又是因为一个泡泡机打得不可开交。

原来，几天前整理玩具柜的时候，找到一个姐姐小时候玩的泡泡机，当时姐姐说是她的，弟弟哭着闹着也想要。妈妈为了公平，带着两个孩子去超市买泡泡机给弟弟，到了超市，姐姐变卦了，说："我要买洋娃娃，泡泡机给弟弟。"当时超市也没看到泡泡机，弟弟表示同意。于是，就给姐姐买了洋娃娃，弟弟拿到了姐姐的泡泡机。

今天姐姐放学后，回家看到弟弟拿泡泡机玩，客厅里吹得到处是泡泡，奶奶在接泡泡，和弟弟一起玩。这时候姐姐直接就从弟弟手里抢过泡泡机，说这是她的，她不要给弟弟了，洋娃娃给弟弟。于是，两个孩子就有了开场的那一幕。无论妈妈怎么说，姐姐就是不同意，妈妈也不知道怎么解决。情急之下给我打来电话求助⋯⋯

这个案例就是物品的归属问题，泡泡机一开始是姐姐的，姐姐是泡泡机的主人，姐姐有权利支配。但是，后来姐姐要把泡泡机给弟弟，自己买洋娃娃。当弟弟同意后，泡泡机就归属于弟弟，弟弟是泡泡机的主人，那弟弟就有权利支配泡泡机，也有权利拒绝姐姐。

 **解决方法**

★描述事实，同理情绪

当孩子无法感知其内在的情感波动时，便无法准确地向他人传达自身的需求与感受。如此，孩子的自我成长将受到抑制，其内心世界亦将陷入混沌。在此关键时刻，妈妈应具有敏锐的洞察力，及时捕捉并协助孩子表达内心的感受。通过这一互动过程，儿童将经历到被支持与被理解的积极体验。

这位妈妈对女儿说："女儿，当你一进门，看到弟弟和奶奶在玩泡泡机，妈妈感受到你有点羡慕，你也想玩泡泡机，想和奶奶一起互动是吗？"

★引领孩子，看到真相

妈妈拉着女儿的手，看着她说："女儿，其实你是知道的，以前这个泡泡机是你的，你确实是泡泡机的主人。但是，现在你成了洋娃娃的主人，而弟弟是泡泡机的主人，你要想玩只能经过弟弟的同意，当然弟弟要玩你的玩具也是要经过你的同意。"

爱孩子并不意味着对他们隐瞒真相，也不要因为担心他们承受不了现实而选择用谎言敷衍或草率地处理问题。正确的做法应当是向孩子坦诚地揭示事实，允许他们在面对失落和挫折时拥有负向的情绪体验，同时为他们提供必要的支持与陪伴。

★ 正确示范，接纳尊重

妈妈温柔地对女儿说："如果你真的特别想玩，你可以问弟弟：'弟弟，姐姐看到你和奶奶玩泡泡机那么开心，我也想玩，你可以让我玩一会儿吗？'当然，弟弟同意你玩，你要感谢弟弟，如果弟弟不同意，也要尊重弟弟的拒绝。被拒绝可能会让你有点不舒服，但是我们可以借由这件事情学习理解别人和尊重别人，这份品质不是所有人都具备的，你可以试试！"

向孩子示范正确的沟通方法，并为他们提供必要的空间与时间，以便他们能够逐步接纳，并理解所面对的挑战。同时，向孩子输入积极向上的价值观，使他们认识到遭遇拒绝并非负面经历，而是一种表现勇气的机会，同时也体现了对他人的尊重。

★ 欣赏孩子，复盘总结

无论姐姐有没有向弟弟提出请求，都要欣赏姐姐。因为这个规则姐姐是执行的，即使有情绪，她也要接受泡泡机现在是归弟弟所有、弟弟有权利支配这个事实。

如果姐姐按照妈妈的示范向弟弟提出了请求，可以欣赏姐姐愿意调整自己去遵守规则、尊重弟弟。

如果姐姐没有提出请求，就是有情绪。妈妈可以欣赏姐姐即使自己很有情绪，但是也调整了自己的行为，尊重了事实。

妈妈可以陪伴姐姐，和姐姐待一会儿，等姐姐情绪缓解后，可以复盘姐姐的情绪和姐姐的想法，询问姐姐如果不想让自己这么难受，可以怎么做。

最后，总结规则的重要性。唯有每个人遵守规则，我们家庭中的每个成员才安全，才可获得自由。

品格不是单靠榜样建立的，也不是单靠教导而来的，而是在孩子面对事情的时候，按照规则处理事情进而萌发出来的。我们所说的包含了多元意识、责任意识、包容意识、尊重意识、自主意识。

附：什么样的行为是粗鲁的行为

粗鲁的行为		
行为方面	伤害自己的行为	比如：冒失的行为；让自己处在危险之中；可能会导致出现伤害自己身体的危险；在户外奔跑时拿尖锐的东西；拿个棍子玩；等等。这些都属于自我伤害的范畴
	伤害他人的行为	比如打人、推人、挤人、掐人、抠人、吐口水等，这些都属于伤害别人的行为
	伤害环境的行为	比如：随地扔垃圾；在客厅里奔跑；损坏物品，包括屋里屋外的植物、大型器械以及其他人的用品……这些都属于伤害环境的行为
心理方面	语言暗示、控制、威胁、嘲笑别人	比如：你要是不跟我玩，我就不给你巧克力吃；我让某某小朋友不跟你玩，这些都属于粗野的行为。在心理上控制、威胁别人、嘲笑别人（比如小朋友尿床了会受到嘲笑），这是一种心理上的暴力，也是不被允许的
意识方面	界限的意识	比如：爷爷奶奶是我的（爷爷奶奶分别属于他们自己，我没有权利打或者骂他们）；教室是我的，这个世界全是我的（教室是大家的，世界也是大家的，所以我没有权利在教室里大喊大叫，在这个世界上为所欲为），这些都属于界限意识不清晰。培养孩子界限意识，首要的是不可以侵犯别人
	规则的意识	比如抢别人的东西是不可以的。培养孩子的规则意识，要让孩子区分"你的"和"我的"，记住我的东西是我的，你的东西是你的。
	权利的意识	比如有人打我，抢走我的东西，嘲笑我，伤害我，我有权利拒绝。培养权利意识是让孩子知道，他有权利拒绝别人让他不舒服的一切语言和行为。知道他的身体和物品是神圣不可侵犯的，他有权利支配

孩子总乱拿别人东西：
理解"所有权"，形成意识界限

在幼儿教育中，我们会遇到孩子们因为对物品界限的模糊认识，故而，会未经同意拿走别人的东西。此时该如何引导孩子呢？

○ **案例故事**

阳阳是一位充满活力的四岁半小女孩，每天都在探索着世界的奇妙。然而，阳阳的妈妈却发现了一个令人担忧的行为：阳阳开始将不属于她的物品带回家，从彩色的蜡笔到邻居孩子的小玩具。

阳阳的妈妈心中充满了矛盾和焦虑。每次发现女儿带回了不属于自己的东西，她的心就像被重重地敲了一下。她深爱着女儿，知道责打和严厉的说教可能伤害到阳阳幼小的心灵，但她也明白，如果不加以纠正，这种行为可能会影响女儿的未来。到底该怎么帮助孩子呢？

怀着深深的焦虑与不安，阳阳的妈妈找到了我，并详尽地叙述了阳阳的行为。面对阳阳的问题，我们需探究背后的原因：在孩童的世界里，对于"所有权"这一概念的理解尚未成熟。若在孩子

3 岁前未能明确地帮助他们区分"你的""我的""他的"等归属关系，孩子们便无法判别物品的归属问题，从而可能会拿走他人的物品。他们可能会认为，只要是自己喜爱的物品便可取走，或以为放置在某处的物品也属于自己，甚至认为只要自己想要，就可以随意拿取，还可能无法管理住自己的占有欲，就是想拿，毕竟他人或许并不知晓。

因此，我们不能仅以成人的准则来评判孩子的行为。相反，我们应通过适当的时机与方法，引导他们学会理解与尊重他人的所有权，逐步培养孩子的界限意识。

解决方法

★区分"你的、我的、他的"，建立孩子物品归属的意识

为了帮助到阳阳，阳阳的爸爸和妈妈决定采取我提出的建议，先帮助孩子建立起"所有权"的概念，然后一点点协助阳阳明确"不是自己的东西，不经过别人的同意，是不可以拿的"，逐渐形成阳阳的界限意识。

星期天上午，妈妈和爸爸对阳阳说："我们一起把家里的物品分分类吧。比如，哪些是阳阳的，哪些是妈妈的，哪些是爸爸的。我们进行划分后，就可以成为物品的主人，并有权管理它们。"大家都表示同意。在爸爸妈妈的协助下，很快从衣柜到书架、玩具架、零食柜、玩具柜再到洗漱用品，全部进行了整理和区分。

区分好后，妈妈开始郑重地一一介绍："这是阳阳的。阳阳作为这些物品的主人，有权利保管好自己的物品。我们任何人想使用阳阳的物品，都需要经过阳阳的同意。如果阳阳同意，我们才可以用；如果阳阳不同意，我们也要接受和尊重阳阳的拒绝。因为她是物品的主人，她说了算，她有支配权。"

爸爸表现出诚恳的态度说："好的，这些都是阳阳的物品，以后一定会经过我们阳阳的同意才能使用。"

妈妈接着说："是的，我也会经过阳阳同意后才能使用。"

阳阳非常满足，感觉到自己很有力量，高兴地说："我用爸爸的也要经过爸爸的同意，用妈妈的也要经过妈妈的同意。"

儿童的大脑还在发育，他们还没有形成像成人那样的思维体系。大人在谈论一个概念时，会把它放入自己的思维框架中去理解。但儿童就不一样了，因为他们还没建立起这样的系统，所以不能用抽象的概念和语言来处理信息。

那么，儿童是怎么学习和理解世界的呢？主要是通过他们的身体动作和亲身经历。所以为了让阳阳更加具体地理解到"你的、我的、他的"这个概念，父母一起帮助孩子亲身感受物品的区分，理解所有权的意义。

★植入"不是我的，就是别人的，别人的东西不可以拿"的意识

妈妈边走边来到这些物品旁边说："阳阳，这些是你的，这些是爸爸的，这些是妈妈的。所以每个物品都有它的主人，我们每个人都有权利支配自己的物品和保护自己的物品。如果妈妈不经过你的同意把你喜欢吃的零食吃掉，或者没有经过你的同意把你的玩具

送给妹妹，你会有什么感受？"

阳阳说："我会难过，还会生气。"

妈妈说："是的，当妈妈不经过你的同意吃你的零食，或者把你的玩具送给妹妹，你会很难过，很伤心，甚至会生气。所以别人的东西，不经过别人的同意是不可以拿的，这样会让别人很难过。"

听妈妈这样说，阳阳好像意识到自己拿了邻居家小妹妹的玩具，瞬间低下了头。

妈妈走过去蹲下来抱着阳阳问："宝贝，怎么了？"阳阳趴在妈妈肩膀上不说话。妈妈安抚地说："你是不是想起来自己以前没有经过别人的同意，拿了别人的玩具？"

阳阳说："那是我捡的，妹妹不要了。"阳阳在为自己开脱。

妈妈接着说："哦，是你捡的呀？那妈妈问你，这个东西是不是你的？"

阳阳说："不是。"

妈妈温和地拍着阳阳的后背说："不是自己的，就是别人的。别人的东西不可以占为己有，即使是捡的。以前妈妈从来没有教过你，所以你不知道。今天我们通过分配自己的物品，学会了每个物品都有它的主人。接下来我们就知道了，对于不属于自己的物品，如果别人没有同意，自己再喜欢都不可以拿。"

阳阳点点头。

抓住教育的契机，引导孩子清晰地认知到物品"要么属于自己，要么属于他人"，而他人的物品在未征得同意之前是不可以随意占为己有的。通过让孩子体验到自己的物品在未经允许的情况下被取走时的感受，孩子可以更好地理解别人在相同情况下的情绪。这种体验式学习有助于培养孩子的同理心，让其学会尊重他人。

★安抚情绪，提升生命能量

妈妈为了让阳阳好受一点，又跟阳阳说："你看这些玩具、零食、书、衣服、洗漱用品这么多东西，你都是它们的主人。这些东西归你支配，别人想用你的东西，你可以同意，也可以拒绝，这都是你的权利。当然我们要使用别人的东西也要经过别人的同意，别人同意后我们要感恩，别人不同意我们也要尊重对方的意见。当我们能做到的时候，我们就成为自己的主人而且还学会了尊重别人。"

爸爸愉悦地说："好，接下来我们一起努力。爸爸也要学习经过阳阳的同意才可以看阳阳的书。"

阳阳也轻松下来了，说："爸爸，我同意你看我的书，我们一起看书吧！"

当孩子意识到自己的行为可能给他人带来不良体验和感受时，他们可能会陷入自责的情绪，导致生命能量降低。为了防止孩子滑入这种低能量状态，妈妈可以很巧妙地强调孩子的所有权，让孩子认识到自己的优秀品质，以此来增强孩子的自信心和生命能量。

后来，阳阳的妈妈反馈说，阳阳再没出现拿别人物品的情况了。有的时候遇到零食还是很想要，也会问问别人可不可以分享。别人不同意，她会失落，但是也能接受别人的拒绝。

阳阳妈妈说："教育孩子真的需要智慧和方法。如果不是请求指导，估计这种情况会持续好久都得不到解决。真的不敢想自己会把孩子打成什么样。"

切记，教育不仅仅是纠正错误，更是塑造未来。让我们抓住孩子成长的这个关键期，与孩子进行有效的互动，共同培养出一个有责任感、有同情心、尊重他人的下一代。

孩子经常打扰别人：
学会观察并尊重他人，培养专注的品质

在幼儿教育中，孩子们有时会在不适当的时候打断别人的对话或在不被请求的情况下提供帮助。这些行为虽然出自孩子的好意，但可能会对社交互动产生负面影响。作为教育者，我观察到这种行为不仅需要被纠正，更应该被视为培养孩子尊重他人的品质和专注力的教育契机。

案例故事

在一个阳光明媚的早晨，5 岁的浩浩像往常一样，精力充沛地在客厅里奔跑。妈妈看着这个小家伙，心里既充满了爱意，也有些无奈。因为，浩浩常常在不适当的时候打断大人的谈话，一旦有客人来访，浩浩的这种行为可能会变得更加不合适。

妈妈今天迎接了一位客人，浩浩三番五次打断两人之间的对话，在妈妈的多次提醒下，也只能稍稍安静一会儿。不久，当客人开始解释一个特别复杂的工作难题时，浩浩再次忍不住冲了过来，大声宣布："我可以帮阿姨解决问题！"他的声音充满了自信，仿佛真的掌握了解决所有问题的钥匙，同时他的声音也打断了客人的

话，让客人感到十分尴尬。

"浩浩！"妈妈的声音比之前更加严厉，"你不能再这样了！阿姨和我在谈很重要的事情，你需要学会尊重别人。"浩浩愣住了，他的眼睛里闪过一丝伤心和不解。他不明白为什么自己的"帮忙"会让大人如此生气。

在那个尴尬的午后，妈妈意识到她需要采取一些措施来帮助浩浩。她想利用这个机会，让浩浩学会如何适时地表达自己，而不是随意打断别人的谈话。于是她给我打电话询问：如何引导孩子不要打扰别人，学会尊重他人。

★告诉真相，建立观察意识

等到傍晚时分，家里的气氛已经缓和了许多。妈妈坐在浩浩的床边，轻轻地抚摸着他的头发。她用温和而坚定的声音对浩浩说："浩浩，今天你的行为让阿姨和妈妈都很为难。你知道为什么吗？"

浩浩抬起头，眼中充满好奇地看着妈妈。妈妈摸着浩浩的头说："因为当我和阿姨在谈重要的事情时，我们需要专心听对方说话。如果你不停地打断我们，我们就很难把话说清楚了。"

妈妈继续解释道："每个人都有自己的时间和空间来分享自己的想法。当你想分享或者需要解决问题时，你可以先观察，学会发现别人是否正在专注地工作。当你学会了观察，发现别人在专注工作的时候，请尊重别人的时间和空间，不要随意打扰！

"等别人做完自己的事情，你再分享，这样大家就会更愿意听你说话，也会更欣赏你的分享。如果你有特别紧急的问题需要帮助，一定要介入时，请学会说：'对不起，打扰一下可以吗？'"

浩浩认真地听着妈妈的话，开始意识到自己的行为可能确实有些不妥。他点点头，表示理解："下次我会记得的，妈妈。"他小声地说。

妈妈微笑着，给了浩浩一个温暖的拥抱。"妈妈相信你慢慢地可以做到的，宝贝。"

★尊重他人，避免不请自来

接着妈妈继续说："每一个人都会做好自己的事情，为自己的事情负责。当别人不需要你帮助的时候，你不能去主动地帮助别人，你要尊重别人独立完成自己事情的权利。如果你非要帮助，就会让对方失去成长的机会，别人会因为你的干涉而难过。妈妈知道你很热心，很愿意帮助别人，但是一定是在别人需要的时候，别人提出请求的时候你去帮助，这样会让对方觉得你给的帮助很美好。"

浩浩眼睛发亮，仿佛理解和发现了一个新的世界，他马上问："是不是别人说快来呀，快帮帮我，我才可以帮助？"

妈妈马上给浩浩竖起大拇指表示欣赏。

★专注自己，培养独处能力

妈妈温柔地拉着浩浩的小手说："妈妈还要教你一个能力，就是你要学会自己与自己相处。很多人不具备这个能力，必须和别人在一起才不无聊。但是和自己相处是一个非常厉害的能力，因为没有办法与自己相处，就没有办法思考，就没有办法发现自己的成长。所以与自己相处的这个能力非常重要，在你无聊的时候可以试着学会与自己相处，这样你会成为一个非常安定、自由的小朋友。"

浩浩马上开心地说："我无聊的时候可以自己画画，还可以自己玩玩具，还可以自己看书，这样我就不无聊了。"

妈妈欣慰地说："浩浩马上就明白了，还会想办法锻炼自己这方面的能力，妈妈好佩服你啊。"

自从那次与妈妈对话之后，浩浩开始努力改变自己的行为。他学会了在大人交谈时观察对方，学会保持安静做自己的事情，学会了等待合适的时机再分享自己的想法和帮助。虽然一开始他觉得很难坚持，但妈妈的鼓励和表扬让他慢慢地养成了这个好习惯。

妈妈看着儿子的变化，心中充满了欣慰。她知道，浩浩已经开始理解社交礼仪的重要性，并且学会了尊重他人。他的这次成长不仅仅是行为的改变，更是情感和社会交往能力的进步。这不仅能够解决孩子打断对话和"不请自来"地提供帮助的问题，还能够培养孩子尊重他人、专注和自我控制的品质。

"请勿打扰他人"是人际关系中的一项重要界限。众所周知，我们自出生起便生活在各式各样的关系之中。要维护良好的人际关系，关键在于明确边界，以保持关系间的和谐与平衡，促进相互包容、合作和尊重。这样，我们就可以更好地专注于自己的事务，同时也为他人留出空间。这种相互尊重的边界设置，让我们彼此之间相处起来更加和谐美好。

孩子不愿道歉:
引导孩子勇敢地为自己的行为负责任

在幼儿园这个充满童趣和探索的小社会里,每天都会上演着各种生动的"情景剧"。剧中的小主角们,用他们的情绪和行为,为我们成年人提供无数了解他们内心世界的机会。今天,就让我们聚焦于涛涛和悦悦这两个小主角之间的一个小冲突,看看如何将问题转化为教育的契机。

案例故事

阳光明媚的下午,操场上孩子们的欢笑声此起彼伏。涛涛,一个5岁的小男孩,在和小伙伴们玩着追逐游戏,享受着速度和风带来的快感。突然,一个不留神,涛涛的肩膀撞到了同龄的小女孩悦悦,她娇小的身体失去平衡,一下子坐在硬邦邦的地面上,手磕到了旁边的树木上,磕红了,刹那间悦悦的哭泣声响彻整个操场。

涛涛停下了脚步,他的内心一片混乱和恐慌,不知道如何是好。他看向四周,发现其他小朋友和老师都注视着他,这让他感到无比的尴尬和无助。在众目睽睽之下,他感到一种前所未有的压力,于是他选择了逃避。他没有向悦悦道歉,也没有询问她是否受伤,而是迅速转身，混入了其他做游戏的孩子之中，试图让自己消失在这场突如其来的风暴中。

　　依据班级教师的反馈及家长所述，涛涛时常表现出一种特定的行为模式：当他犯错误，或其行为触犯、伤害他人时，尽管他内心明白自己的过失，却往往不愿表露歉意。即便在压力下，他也可能仅是草率地嘟囔一句"对不起"，然后急忙逃开，想迅速终结此事。涛涛的妈妈亦已察觉，孩子这种不能自觉认错与道歉的态度，可能会阻碍其个人成长。今日，我有幸借此机会，协助促进这个生命的成长与进步。

解 决 方 法

★情绪安抚，引导叙述全过程

　　我走到悦悦身边，安慰着受伤的她，并确保她的安全无虞。随后，我主动走向涛涛，蹲下身来，平和地说道："蓝天妈妈需要你的配合来解决一个问题，请跟我来。"涛涛略显抗拒，后退了一步，表现出不情愿。我坚定地继续说："涛涛，即使你现在不愿意，今天的问题还是必须解决的。"见到我的决心，涛涛低下头，没有反抗。我牵起他的手，一同走向悦悦。

　　来到悦悦身边后，我询问涛涛："刚才发生了什么事？请你说明一下。"涛涛急切地解释说："我刚才和阳阳玩追逐游戏，我没注意到悦悦就站在那里，结果我一碰她，她就跌倒了。"我重复了他的描述，确认他确实碰到了悦悦。接着，我转向悦悦询问同样的问题。悦悦委屈地回答："我在这里等着我的好朋友去捡她喜欢的石头，没想到涛涛过来就把我撞倒了。"我再次重复了悦悦的话，给予反馈。

我进一步问涛涛："当你撞到悦悦，看到她哭泣时，有什么感受？"涛涛沉默不语，我把问题细化："你是感到害怕、内疚，还是觉得这事不关你的事，走开就没事了？"涛涛低声回答："我害怕。"我立刻说："涛涛，你不是不想解决问题，也不是不愿为自己的行为负责，而是感到害怕，不知道怎么办，对吗？"这样问后，涛涛似乎感到被理解，连忙点头说："是的。"

我又问悦悦："当你在这里等朋友，突然被撞，你的感受是什么？"悦悦委屈地说："我很难过，手也被撞疼了。""那一刻，你希望涛涛怎么做你会好受一些？"我又问。悦悦回答："我希望他能关心我，并向我道歉。"

我对涛涛说："悦悦已经给出了解决问题的方法，只要你愿意，这个问题是可以解决的。"涛涛仍然沉默。老师示意这已是常态。

在处理儿童纠纷的过程中，重要的是让孩子们自己来叙述事情的全过程。成人应鼓励孩子："请你们告诉我发生了什么，请详细描述一下整个事件。"

应鼓励孩子们清晰地阐述事件的前因后果，以及矛盾是如何产生的。这一过程应该由涉及的双方自主完成，而不是由成人代为讲述。在回忆和表述的过程中，孩子们必须认真地回想事件的经过，并用心地表达。当一个孩子在叙述时，另一个孩子应该专注地倾听，认真评估对方所讲述的内容是否与事实相符。这一倾听与评估的过程，不仅有助于锻炼孩子们的批判性思维，也有利于他们从认知和情感上深入理解整个事件。

成人在这个过程中也应与孩子一样，认真聆听并评估整个事件。一旦评估结束，双方的孩子应该在认知和情感上完全理解事件的性质，明白哪些界限被打破了，从而理解为何需要道歉或要求别人道歉。通过这样的方式，孩子们能够学会负责任地处理冲突，并且培养出解决问题的能力。

★给予空间，允许暂时做不到

我温和地握住涛涛的手，问道："蓝天妈妈想知道你不道歉的原因是什么。你觉得道歉就是承认自己不好，还是觉得道歉了会显得自己软弱，还是你不敢说，或者没有力量说？"涛涛依旧保持沉默。

我转向悦悦说："悦悦，涛涛他现在还没准备好解决这个问题，你能给他一点时间吗？等他准备好了，我会带他来找你。"悦悦表示同意。然后，我示意老师们离开，只留下我和涛涛。

我在涛涛身旁安静地陪伴他，给他足够的时间和空间整理思绪。大约5分钟后，涛涛似乎意识到不能再这样下去，他主动说："我不敢说。"我询问："是因为不敢说，而不是不想说，对吗？"他点头。我说："那蓝天妈妈可以帮助你。有时，敢于承认错误并为自己给别人带来的不适负责需要极大的勇气，没有勇气时确实说不出口。"

听我这样说，涛涛的眼神里闪烁着光芒。我继续解释道歉的重要性，并告诉他，道歉不仅能够帮助我们承担起责任，还能促进我们的个人成长，让我们成为更有力量的人。同时，通过主动道歉，我们可以建立起对他人感受的理解和同理心。

说完这些，涛涛表态："蓝天妈妈，我现在有勇气了，我可以向悦悦道歉。"我给了他一个认可的微笑，并点头示意涛涛去找悦悦道歉。

当孩子习惯了采用逃避的方式应对问题，突然要求他们直面问题，可能会给他们带来压力。因此，给予孩子一定的空间和时间去整理思绪和调整自己的心态是必要的。成人在这个过程中要做的是静静地陪伴，等待孩子准备好表达自己的感受。

在孩子吐露心声时，我们应关注他们不愿道歉背后的真正原因，并引导他们建立正确的价值观。我们要认识到，向他人道歉需要勇气，尤其是对于那些尚未学会如何道歉的人来说，表达歉意可能尤为困难。

同时，在鼓励孩子学会道歉的过程中，我们需要让他们明白，道歉不仅是一种良好品质、一种勇气的体现，也是坦诚、负责任和包容的表现。通过积极地引导和支持，我们要让孩子理解道歉的重要性，从而教会他们使用道歉的方式来修复人际关系。

★ 正向强化，肯定实际行动

我陪着他找到悦悦，他主动走上前说："悦悦，对不起，我刚才跑得太快，不小心撞到了你。我能为你做点什么吗？"悦悦说："你给我吹吹吧。"涛涛温柔地拉着悦悦的手，小心地吹着，场面温馨而美好。

我把悦悦和涛涛同时抱在怀里，用欣赏的语气和他们说："蓝天妈妈看到了涛涛的勇敢，看到了悦悦的包容。经由这件事情，蓝天妈妈相信你们之间的友谊会变得更加美好。"两个孩子相视一笑，蹦蹦跳跳地离开了。

老师们感慨道："看着真感动，一个生命被推动了。"之后，涛涛总是真诚地道歉，他的妈妈也反映孩子在需要道歉时不再有抗拒情绪，妈妈也会有意识地强化，让他知道这样的行为是被鼓励和赞赏的，在家中也进行相应的引导和支持。

学会道歉至关重要。许多成年人不习惯于此，导致关系常处于僵局，形成一种未完成的状态。这种悬而未决会在内心留下障碍，若积累过多，将如同河床积淤，越积越高，终将在生命里留下负面痕迹。然而，一旦学会了道歉，我们便能在适当时刻终结这些障碍，让内心不留痕迹，无欠无亏，让事件得以圆满解决。

通过用心推动孩子看到问题的真相，我们不仅帮助孩子学会对自己的行为负责，同时也树立了积极的道德典范。在此过程中，孩子逐渐理解"对不起"不只是三个字，更是对自己行为后果的承担以及对他人感受的尊重。

孩子们的成长过程充满了学习和探索的机遇，我们可以引导他们学会负责任，并培养其内在品质。这不仅是对孩子的教育，也是对父母的一种启示。让我们共同把握孩子成长的关键期，与他们有效互动，促进他们的全面发展。

孩子不会说"不"：
教孩子有勇气拒绝，也有能力接纳

在孩子们的成长过程中，学会表达自己的真实感受和需求是一项至关重要的能力。其中一个关键的能力就是学会说"不"。这不仅包括有勇气拒绝别人的要求，还包括有能力接受别人对自己的拒绝。

案例故事

悠闲的星期天下午，小区里回荡着孩子们的欢声笑语。琳琳正在熟练地驾驭着她那辆心爱的滑板车，就在这时，偶遇了玩伴优优。优优一见到滑板车，便向琳琳提出了分享的请求。尽管琳琳还未滑够，但她慷慨地同意了，将滑板车让给了优优。优优接过滑板车，他尽情地在小区里展示他的技巧，从坡上冲刺而下。琳琳的妈妈察觉到女儿的眼神中流露出羡慕与渴望，显然她也想要加入。然而，小小的琳琳不知如何开口要求收回自己心爱的玩具，只能默默地流露出失落的神情。

琳琳的妈妈轻轻地鼓励女儿去要回滑板车，但琳琳摇了摇头，内心纠结而不愿意打破这份友谊的宁静。大约20分钟后，优优的妈妈带着一些水果下楼给优优吃，看到琳琳走了过来，她建议优优分享一些给琳琳。出乎意料的是，优优坚决拒绝："不要，这是我的。"那一刻，琳琳的情绪终于爆发，泪水汹涌而出。

琳琳的妈妈心里清楚，女儿之所以如此伤心，并非因为得不到水果，而是因为无法接受被自己的好朋友拒绝的现实。小小的心灵受到了冲击，琳琳泪眼婆娑地重复着："我要回家，我要回家。"

在那一瞬间，琳琳妈妈心疼而又无措，面对着孩子的眼泪和心灵上的挫折，不知如何是好，只能带孩子回家。回家后琳琳妈妈给我打电话求助。

解决方法

安抚孩子的情绪，给孩子切一些水果，让孩子慢慢地平静下来，等孩子吃完水果后，妈妈可以把琳琳抱在怀里，再对这件事情进行复盘。

★ 识别情绪，回顾感受

妈妈摸着琳琳的头说："琳琳，刚才优优拒绝你，你瞬间大哭，妈妈感受到了你的难过和伤心。"听到妈妈的安慰，琳琳显得有些委屈，眼泪在眼眶里打转。

妈妈继续说："你是不是没想到优优会拒绝你，因为你刚把滑板车分享给他，以为他也会以同样的方式对待你？"琳琳立刻回答："我以后再也不和他分享了，我不想和优优成为好朋友。"

妈妈说："是的，你现在很生气，今天优优的行为让你很伤心，所以你不想再和他玩了,是吗?"琳琳点了点头。

　　妈妈接着问:"当时优优想玩你的滑板车,你是不是已经玩够了,愿意分享给他?还是其实你还想玩,但为了朋友,你愿意把滑板车分享给优优?"琳琳承认:"我还没有玩够。"

　　6岁之前的儿童难以直接感知并捕捉到自己内心真实的感受与想法,从而不能完整地将它表达出来。他们往往被自己的情绪所困扰,陷入难过之中。因此,需要在妈妈耐心的引导下,孩子才能逐渐学会观察和识别自己的情绪,进而表达出内心真实的感受。这种表达能力的培养,有助于孩子更深入地了解自己。

★ 欣赏品质,明确权利

　　妈妈赞赏琳琳的大方和乐于分享的品质,但同时告诉她:"当你还没玩够就把滑板车分享给朋友时,心里就会期待对方也用同样的方式对待你。如果对方没有做到,你就会感到受伤,就像今天这样。"琳琳听完后显得有些困惑,但似乎在思考。

　　然后,妈妈继续说:"你要明白,滑板车是你的,你有权利决定是否分享。同样,水果是优优的,他有权利决定是否分享。你们的决定可能不同,但权利是一样的。下次如果你不想分享,你有权拒绝,可以向对方说'不';同样,如果优优拒绝你,那也是他的权利,你需要尊重他的选择。"

　　让儿童明确认识到自己和他人的权利,并学会向他人说"不",这不仅意味着他们能够避免受到伤害,而且这种能力还体现了儿童的独立性。说"不"是一种界限划定的行为,它传达了个体之间差异的信息——我与你不同。拒绝的能力不仅定义了个体的物理存在，也表达了个体在感官、情绪、心理和思维层面的边界。它是个人立场和态度坚定的表达，是独立意识的强烈体现。因此，从多个层面来看，我们必须教导儿童学会拒绝。对于孩子而言，掌握拒绝的能力意味着在生活中拥有了一种坚定不移的力量，并且能够主动运用这种力量。当孩子明确地说出"不"时，他们正在实践这种力量。

然而，比直接说"不"更高层次的独立意识表现是，当别人对孩子说"不"时，孩子能够表现出完全的接纳和自信。这表示孩子能够接受他人的拒绝，理解对方的"不"，并且全然地接受对方的拒绝。

将"说不"与"接受他人的不"相结合，我们便能够看到力量与包容的完美融合。这样的教育不仅使儿童免于受伤，更重要的是，它培养了儿童的独立意识和个人界限感，为他们的健康成长奠定了坚实的基础。

★ 勇敢说"不"，尊重拒绝

琳琳说："那我以后也不给他分享。"妈妈回答："可以，这是你的权利。但分享是一种难得的品质，它应该让我们感到快乐。如果你已经玩够了，你可以分享；如果你还没玩够，你有权拒绝。敢于说'不'是一种勇气，而且对方也会理解你的想法。当然，你也要接受别人的'不'，接受别人拒绝是一种力量，因为它能保护我们不受伤害，并且让我们自己变得更加有力量。"

听完妈妈的话，琳琳似乎明白了，她点点头说："我以后玩够了再分享。"妈妈为琳琳竖起了大拇指，愉快地结束了这次谈话。

真正的强大不仅在于能够拒绝他人，更在于能对他人的拒绝持以更大的包容之心，即全然接受对方的"不"，以及对方这个人。当他人拒绝我们时，如果我们的内心毫无波澜、无不安之感，并不会自我贬低，而是完全地接纳对方，这便是强大的体现。

在幼儿园里，当一个孩子说"不"时，另一个孩子表情平和、内心平静地回答"好的"，我们可以看到这种优良特质的体现。即便是老师也会经历这样的情境：提出请求遭到拒绝后，平和地接受。这同样显示且印证了规则对人们极具益处，在规则面前人人平等。

第四章

孩子动不动就哭闹、发脾气，怎么办？

——如何培养孩子情绪管理能力

良好的情绪管理能力是提高情商的关键，若无法妥善处理情绪，不仅解决问题受阻，人际关系亦可能受损，甚至影响自我的和谐。因此，情绪影响生活的方方面面。

为了提升儿童的情绪管理能力，应引导他们认识和理解各种情绪，包括了解情绪的特点、识别自身的情绪以及掌握缓解情绪的策略。

成人在面对孩子因日常事件产生的情绪时，需提升孩子对情绪的敏感度，并引导孩子了解情绪的特性。情绪具备两个显著特点：一是"情绪的普遍性"。我们应教导孩子接受情绪，理解每个人都会经历情绪，从而更容易接纳它们；二是"情绪的顺时性"。明白情绪会随时间消散，有助于我们认识到情绪并非恐怖之事。

个人的成长和转变建立在对自身情绪认知的基础上，只有认识到自己的情绪，才能知道在哪些方面投入精力。提升情绪管理能力需要清晰的自我认知，而情绪觉察是自我认知的基础。理解自己对世界的情绪反应，有助于明确自己的需求和欲望，进而达到更清晰的自我认知。

引导孩子学会观察自己的情绪至关重要，因为情绪需要被感知。有时，能够意识到自己的情绪并与之和平共处，就足以帮助我们缓解紧张或负向的情绪。因此，我们应鼓励孩子观察自己的情绪，并在有情绪时能够察觉并分享自己的感受。

对于7岁之前的儿童，他们对情绪的理解往往是模糊的。因此，作为成人，我们需要帮助孩子察觉和识别自己的情绪，引导他们有意识地管理自己的情绪。随着时间的推移，孩子将逐步学会管理和驾驭自己的情绪，成为自己情绪的主人。

孩子总拿哭闹威胁人：
引导孩子觉察情绪，不用哭闹来达成目的

在幼儿园的日常管理中，我们时常目睹孩子们因为遭遇挫折和不满而流泪撒泼，以哭泣作为解决问题的手段。然而，我们这一代的父母往往无法忍受孩子的哭泣，为了制止泪水，不惜迁就孩子的一切要求。随着时间的推移，孩子们逐渐学会将情绪作为一种工具：认为只要哭泣，就能得到母亲、父亲乃至祖父、祖母的满足，哭泣已然成为他们的王牌手段。每当目睹此景，我内心便不由自主地涌现出担忧。父母们在无限制的爱中放纵孩子，使他们沦为情绪的奴役，远离了掌控情绪的生命之路。

然而，我深知在我们这一代人的成长中，鲜少有人指导我们如何觉察情绪，以及如何合理表达自己的需求。因此，面对新时代的孩子，我们这一代的父母往往感到束手无策，只能选择迁就、妥协甚至强制。让我们与孩子一同成长，共同进步吧！

● 案例故事

小米是一位4岁的小女孩，极度依赖他人，特别是对母亲有着强烈的依赖性。面对问题时，她的第一反应就是哭泣，并频繁以泪

水为武器，胁迫大人满足她的要求。小米的妈妈曾向我倾诉："小米平时极为可爱，但一旦开始哭泣，就宛如一个小恶魔般不受控制。无论怎样安抚，都无济于事。她的哭声穿透力极强，自小米出生以来，我未曾享受过宁静的一天，感觉自己快要被她逼疯了。"面对这一情形，我预先与小米的妈妈约定，前往她的家中观察她与小米的互动模式；识别触发小米情绪的事件；协助小米的妈妈掌握与孩子正确沟通的技巧。

在我踏入家门并进行简短的交流之后，我请小米的妈妈像平常一样与小米互动，就当我未曾到来。小米妈妈在沙发上为小米讲述着故事，而小米却难以静下心来，她时而在沙发上爬来爬去，时而又屁股撅起顶来顶去，时而又趴在妈妈的腿上来回折腾。不久，妈妈失去了耐心，气愤地说："你到底还听不听？如果你不想听，我就不讲了。"小米答道："我想听。"妈妈回应："我累了，不想讲了。"听到这里，小米立刻放声大哭，她的哭声极具穿透力，正如她妈妈所描述的那样。

面对小米的哭泣，妈妈迅速转身进入自己的房间，并将门关上。小米瞬间变得惊慌失措，赤脚跑到妈妈的卧室门外，一边拍打着门一边大声哭喊，特别害怕妈妈离开。大约3分钟后，妈妈打开了门，说道："你要把我折磨死，每天都是这样，我真的一会儿都不想要你了，如果要能送人，我真的会把你送人！"小米惊恐地哭着说："不要！不要！"妈妈问："那你还哭不哭？"小米边努力压抑自己的哭声边说："我不哭了，我不哭了。"

这些语言让我确认了小米为什么这么担心妈妈的离开，妈妈的这些威胁的语言，已经让小米丧失了安全感。

客厅茶几上正好有一个酸奶，妈妈顺手拿起酸奶喝了一口。小米看到妈妈喝了口酸奶之后采取了一个让我们非常吃惊的行为，她把妈妈扔在了客厅，把自己锁在了房间里。妈妈怒气冲冲地走过去喊："把门打开，听见没，再不打开我就不管你了。"小米听妈妈这样说把门打开，继续大哭。妈妈用双手握着她的两个胳膊，一直说："你别哭了，你不哭了，行不行？行不行？行不行？行不行？"妈妈一声比一声大，也哭着说："我感觉这个孩子没救了。"

我看到这一幕明白了同样的行为在这母女两个人身上不断地交错发生，这显然也证明小米所有的行为都在模仿妈妈，真的是互相折磨，她们的情绪在互相给对方干扰，也在互相做着示范。

 解决方法

★描述事实，情绪安抚

我走到妈妈身边拍了拍妈妈的肩膀，示意妈妈坐下来，安慰道："让我来。"并用手捏了捏妈妈的肩膀给予她支持的力量。妈妈的情绪逐渐平复下来。

我抱起惴惴不安的小米跟她说："刚才你和妈妈都有情绪，情绪每个人都会有，但一会儿就会走掉。蓝天妈妈会帮助你的，不用害怕。"小米抽泣着看看妈妈，妈妈说："蓝天妈妈就是来帮助我们的，妈妈也不想每天吼你，所以才邀请蓝天妈妈来帮忙。"

我继续说："是的，妈妈很爱小米，只是不知道怎么更好地表达爱，所以才邀请蓝天妈妈来你家，帮助妈妈学会怎样更好地爱小米。"听完我的话，小米长叹了一口气，放松了下来。

在短短的时间里，母女俩经历了两次情绪失控，无论是妈妈还是小米都难以恢复平静。可以深切地感受到妈妈的无助和小米的惊慌。因此，只有心态稳定下来，问题才能得到解决。

★ 追根溯源，学会提问

待情绪稳定后，我带着轻松的语气询问小米："小米，你知道妈妈讲故事时为什么突然停止了吗？"小米摇了摇头说："妈妈走了。"

"没错，妈妈最后是离开了。但你知道在她离开之前，为什么她不继续讲了吗？"小米表示不清楚。

"那你问问妈妈，说：'妈妈，你刚才为什么不继续给我讲故事了？'"我示范着正确的语言，小米小声地向妈妈提出了这个问题。妈妈回答："你都不听，我还讲什么呢？"我笑着向妈妈展示如何准确表达："因为妈妈看到你在沙发上翻来翻去，以为你不想听故事了，所以妈妈才停下来的。"

引导孩子学会从多个视角审视问题，当他们不明白成人的某些行为或情况时，鼓励他们通过提问来理解对方的想法。这样可以帮助孩子学会运用恰当的语言来解决问题，而不是哭泣。

★ 勇敢表达，温暖心灵

听到这，小米急忙解释："我在听啊，小兔子在里面撅屁股看小猴子，我也学着小兔子撅屁股看妈妈。"

听到小米的话，妈妈哭了起来，她紧紧抱住小米："对不起，妈妈误会你了。我以前从没问过你，也没听过你的心声。"她承认自己从未真正了解过女儿，感到非常自责。

小米见状，连忙递上纸巾为妈妈擦泪，场面温馨动人。妈妈一再道歉，我对小米说："妈妈现在感到自责，因为她误以为你不愿意听故事，这让她很难过。你愿意原谅她吗？"小米温柔地回应："妈妈，我不生气。你别哭了，我原谅你了。"

成人世界与儿童世界截然不同。有时，当成人无法理解孩子的某些行为时，不应急于评判，而应耐心地询问孩子行为背后的真实原因，这样做可能会扫清许多沟通中的障碍。

★ 正确沟通，降低伤害

为了让妈妈更好地理解小米，我继续引导她们沟通："小米，妈妈认为听故事应该安静坐着，这样妈妈才有动力继续讲。我没想到你是一边听一边表演故事中的情景。这次是妈妈误解了你，真的很抱歉。"

小米点头表示理解："好的，妈妈，以后我会告诉你我的想法。"

我又指导妈妈表达："小米，刚才妈妈情绪崩溃时说了一些话，像不要你了或者嫌弃你哭，那都是因为妈妈不懂得如何处理情绪，不懂如何与你正确沟通。那些都不是真心话，妈妈其实非常爱你，永远不会离开你，你不用害怕。"

小米犹豫地问："那我还会哭，你还要不要我？"

妈妈笑中带泪，意识到女儿明白自己当时的无助。我示范让妈妈表达："当你哭泣时，妈妈感到很无助，不知道怎样帮你。想让能帮到你的人照顾你，其实是妈妈对自己的无能为力感到沮丧。"

小米困惑地说："但我控制不住自己哭。"

每个人都会经历情绪波动，情绪本身并无对错之别。然而，我们可以学习如何更好地管理和表达情绪。若未能识别情绪背后的真正需求，在情绪失控时可能会口不择言，伤害他人。那么选择恰当的表达，可以将伤害降到最低。

★实际演练，反复强化

我鼓励小米思考："想想刚才，当你在听故事并试图参与其中时，妈妈突然停止了讲述，你哭是因为想继续听故事，对吧？你能用其他方式告诉妈妈你的想法吗？"小米立刻回答："我可以告诉妈妈，我想继续听，请妈妈继续讲下去。"我称赞小米。

然后，我们继续探讨另一个情景："当妈妈喝你的酸奶时，你为什么会哭？是因为担心她会喝完，还是觉得那是你的东西，妈妈不应该未经你同意就喝？"小米解释说："我担心喝完就没有了。"

"很好，你已经能觉察到自己的情绪了。那么，你要怎样告诉妈妈你的需求呢？"小米转向妈妈说："妈妈，我也想喝，你喝了我就没有了。"

妈妈立即回应："好的，你想喝的话，妈妈给你拿一瓶新的。"小米开心地说："好！"

引导孩子练习如何合理地表达自己的需求，使用恰当的语言来表述自己的情绪，让孩子体验到正确的情绪表达，更能使自身感到舒适和谐。父母可以通过体验"正确表达"后带来的愉悦感受，增强孩子对"正确表达"的积极印象，从而加深其对此表达方式的认同。

妈妈感慨地说："我从未真正与小米沟通过，一直不明白孩子为什么总哭。今天我意识到问题不在孩子身上，而在我。我把一个好孩子教成了这样。"我提醒妈妈："尽量不要在孩子面前自责，这会让孩子觉得自己做得不好。"这一天的经历让妈妈看到了真实的小米，也意识到了自己的成长空间。任何问题的出现都是我们成长的机会，唯有父母学习，孩子才能改变。

孩子一不顺心就发脾气：
教孩子识别情绪，不被情绪所控

当孩子处于 3 ~ 7 岁这个年龄段时，他们开始有了更丰富的情感体验，随着孩子年龄的增长，他们的情绪也变得更加复杂和多变，但自己还无法完全意识到自己的情绪。在此年龄段，孩子们正处在自我意识的形成阶段，情绪波动较大，经常因为一些小事发脾气。这不仅让家长感到头疼，还可能影响到孩子的心理健康。

于是家长就面临着这样的困惑：孩子遇到不顺心的事情时或者不合心意的时候就会大发雷霆，该如何应对？以更大的脾气压制他？还是委曲求全地满足他？……

面对孩子突如其来的情绪，我们如何见招拆招、轻松化解？

◎ 案例故事

在幼儿园里，一天下午户外活动的时间，大班的木木和喆喆在桂花园搭积木。木木搭了一列火车，喆喆搭了一艘轮船。就在喆喆的轮船快要收尾的时候，他发现还缺少一个方向盘，左右环顾了一圈，依然没有合适的积木能拼搭出他心目中的方向盘，就在这时他猛地一回头发现木木的火车尾巴上有一块儿积木，感觉像是多余的，于是喆喆就走过去把它取下来，安装在了自己的轮船上方，当作方向盘。

结果他刚拿走，木木就情绪炸裂了！"啊啊啊，还给我！那是我的积木！"他边大声叫喊边准备动手打向喆喆，就在他准备动手的一瞬间被班级老师看到并阻止了。老师询问发生了什么事情，而这个时候喆喆已经意识到了他拿走木木的积木让木木不开心了，所以连忙道歉并还给了木木。

而此时的木木呢？并没有从刚才的愤怒中走出来，他紧握着拳头，瞪大了双眼，咬牙切齿，一边跺脚一边鼻孔里喘着粗气说"气死我啦"。刚好我从桂花园经过，看到这一幕就走了过去。

孩子在生气或不满时，通常会发出一些情绪信号。这些信号可能包括噘嘴、握拳、哼哼、大喊大叫等。家长要密切观察孩子的这些信号，一旦发现孩子出现这些迹象，就要及时采取措施，引导孩子识别并用正确方法缓解情绪。

 解决方法

★情绪识别，引导合理表达

我走到木木身边蹲下来问："木木，发生了什么？蓝天妈妈看到你很生气，我可以帮助到你吗？"

木木一边跺着脚一边咬牙切齿地重复说道："哼，气死我啦！"

与孩子建立紧密的情感联结是帮助他们识别和管理情绪的基

础。孩子只有在感受到成人的关爱和支持时，才会更愿意与成人分享自己的情感世界。在与孩子的日常互动中，我们可以多拥抱、亲吻、抚摸，或者用温柔有趣的语言与他们交流。亲密的亲子关系可以让孩子更有安全感，从而更容易平静下来。

★ 情绪转化，明确生命品质

我马上惊讶地说："木木，你都这么愤怒了，但是你依然没有做粗暴的事情！你怎么把情绪管理得这么好？你知道吗？蓝天妈妈在愤怒的时候可能都不会像你这样理智，我可能真的就去动手了，你是怎么做到的？快跟我说说，我要向你学习怎么管理好自己的情绪，不被情绪控制。"

当我说完这一段语言后，本来紧握双拳、身体僵硬的木木身体瞬间放松下来，握紧的拳头也松开了，本来愤怒的眼睛也变得灵动了起来。

看到这一幕，我赶紧上前拉着木木的胳膊继续说到："木木，你快跟我说说嘛，你到底是怎么做到的，我好想学学！"

木木整个人都是懵懵的，本来生气的他突然间成了学习的榜样！

他的头微微抬起，嘴角向上扬："哼，我是大班的！"迈着军人式的步伐回班了（这个时候正好是集合要回班）。

我当时觉得这是多好的教育契机，当孩子有意识地跟随你的语言调整自己，孩子的内心就发生了变化，所以一定要去强化一下孩子的这个品质。于是我紧跟其后去了木木所在的班级。

★ 适时看见，强化理性约束

我走进他们班，我故意很大声地说："梅子老师，你们大班的小朋友都这么厉害吗？木木居然在非常愤怒的情况下还管理住了自己的情绪！"

梅子老师迎合着我说："是的！尤其木木在情绪管理方面真的是进步很大。"

我看了看木木，他的小脸上洋溢着按捺不住的微笑。

我赶紧说："木木，蓝天妈妈一定要跟你好好学习一下如何管理自己的情绪。"

木木羞涩腼腆地笑了，生命只有被看见才能更美好！

当孩子无法用语言表达自己的情绪时，他们会倾向于用行动来表达。家长可以教孩子认识不同的情绪，例如快乐、悲伤、愤怒等，并鼓励他们用语言来描述自己的感受。这样可以帮助孩子更好地理解自己的情感需求，从而更好地管理转化自己的情绪。

我们经常提到情绪管理，很多时候成人可能在自己生气的过程当中，也根本没办法控制自己。而此时我们缺少的也是情绪被人看见，被同理和被允许，如若有情绪时被这般对待，那么我们就会呈现良好的情绪管理能力。对于儿童亦是如此，作为家长应当识别、理解、允许和接纳孩子的心理状态，与此同时才能更好引导、协助、提醒幼儿，锻炼其自我理性约束的能力。如幼儿发脾气时不硬性压制，启发引导幼儿在有情绪的时候能够做到察觉自己的情绪，进而缓解激烈的情绪。

通过这个案例我们来思考：孩子当下怎么了？想表达什么？如

果我们认为他"得理不饶人""都还给你了，还道歉了，你还想怎么样？"等，那么孩子内在的需求就没有被看见，这会加重孩子的愤怒，而成人还会觉得孩子不可理喻。木木属于胆汁质气质类型的孩子，虽然对方无意间拿走了他的积木并且也及时归还了他，可他依然还是有一种被侵犯、被打断的感觉，所以才会有那么大的情绪。每个人身体里面都有善的一面，也都有恶的那一面。当恶的那一面出来时，可能就是出于自我保护，这时更需要被看见。而恰恰在这个时候，我看到了他的情绪，及时看见、接纳和允许他愤怒的情绪，孩子瞬间就释然了。

总之，3～7岁是锻炼孩子情绪管理的关键时期。让我们更加科学地引导孩子识别和管理情绪，这样不仅可以使孩子更加快乐、健康地成长，还可以让他们在未来的人生道路上更加自信、坚定。

孩子莫名其妙地发脾气：
学会缓解情绪，做情绪的主人

在孩子们的成长过程中，缓解情绪是一个至关重要的生活技能。尤其在 7 岁之前，孩子们的情绪波动往往更加剧烈，他们可能会因为一件小事不顺心就发脾气，情绪失控时摔东西、搞破坏或躺在地上大哭。这些行为一方面源于孩子大脑发育的不成熟，特别是前额叶皮质（负责自控的区域）未发育完善；另一方面由于孩子们也容易模仿周围人的行为，如果他们看到别人通过激烈的方式表达情绪，可能会学习这些行为。此外，孩子们缺乏有效沟通的技巧，无法用言语表达自己的感受和需求，通常是因为他们尚未掌握适当的情绪缓解技能。

林林（6 岁）的故事就非常典型，他是一个能力很强的孩子，但是面对情绪问题时，林林自己和家人都感觉到无比的苦恼和无助。

案例故事

周末的下午，林林在房间里搭建乐高积木。他想要搭建一个巨大的城堡，但是当他尝试构建城堡的塔楼时，却总是无法成功。每次塔楼都会在达到一定高度时倒塌，这让林林感到非常崩溃。

他的情绪开始失控，他拿起手边的一些乐高积木，狠狠地摔在地上，积木四处散落。然而，这样并未让他的情绪得到缓解，反而让他更加愤怒。他开始用手打自己的头，嘴里还喊着："我真是个笨蛋，就是搭不好！"

妈妈听到声响，赶忙跑了进来。看到林林如此生气，她试图安抚他，上前抱住他，希望能够让他平静下来。但林林在情绪的驱使下，竟然用力推打妈妈，嘴里还喊着："都是你的错！你买的积木有问题！"

爸爸也走了进来，用非常严厉的口气喊："林林马上给我停下来，你再这样撒泼我就把你扔出去！"听爸爸这样一说本来崩溃的林林瞬间不敢动了，妈妈看着林林被压回去的情绪又心疼又不知所措，简单安抚了一下林林，给我发来求助的信息。

听完林林妈妈的描述基本可以判定，林林的情绪强度对他自己来说是难以应对的，他没有足够的内在资源来处理强烈的情绪波动。所以孩子会通过这些不太健康的行为来寻求注意和帮助，因为他过去的经验让他发现这样做能够引起大人的关注。

所以父母可以通过引导孩子学会情绪识别、提供情绪缓解方式以及引导解决问题等策略来帮助到林林。

解决方法

★ 情绪识别，协助情绪命名

"林林，刚才妈妈注意到你正专心地搭建乐高积木，所以为了不打扰你，我便去了厨房准备晚餐。但突然传来的一声响动让妈妈急忙赶来，便见到了那一幕。妈妈真的有些担心，看你自己打自己，又不让妈妈安慰，我不明白发生了什么。你愿意跟妈妈分享一下吗？"

林林烦躁地说："就是搭不好，我真的好笨。"

妈妈抱着林林，轻拍他的后背说："哦，你刚才很努力地在搭积木，却始终搭不出你想要的样子，因此感到沮丧和气馁，甚至开始怀疑自己的智力，是这样吗？"

林林的情绪逐渐平静下来，继续说："我只是想要搭一个云梯，本来快成功了，结果手一用力就全塌了。"

"原来是这样，你认为本可以成功，只是手的力道过大导致失败，因此感到非常气愤，认为自己的手太笨拙了，是吗？"林林点头表示认同。

妈妈接着问："现在我们一起表达出你的情绪，心里有没有感觉好一些？"

林林回答说："嗯，不那么生气了。"

"你知道为什么你现在没有刚才那么气愤了吗？"

林林摇头。

妈妈解释："因为我们通过回顾事情的经过，识别了你的情绪，并给它们命名，你的情绪得到了认知，这减轻了你的愤怒。"

通过与孩子互动，父母可以协助识别和命名不同的情绪。在日常生活中，家长也可以借助图书、图片、表情符号等辅助工具，帮助孩子理解情绪的多样性以及不同情绪所带来的各种感受，这样做有利于孩子对自己的情绪进行敏锐的识别。当孩子表现出某种情绪时，父母应与孩子一同探讨他们的感受，并引导他们理解自身的情绪状态，进而为情绪命名。这样的过程有益于孩子更有效地管理和调节自己的情绪。

★情绪接纳，明晰缓解技巧

林林好奇地问："我肚子里有情绪吗？"

"对，我们每个人都有情绪，当我们能识别并管理它们时，就能成为情绪的主人。当我们无法识别情绪时，就会被情绪控制。就像你摔积木、打自己、推开妈妈那样，那是情绪在控制你。你想成为情绪的主人，还是让情绪成为你的主人，控制你做出伤害自己和他人的行为？"

林林坚定地说："我想成为情绪的主人。"

"那我们讨论一下，当有情绪时我们应该怎样做才能既不伤害自己，也不伤害他人，还不伤害物品，用健康的方式缓解情绪呢？"

林林提议："我可以找妈妈帮忙，还可以吃点好吃的来缓解。"

妈妈赞同地竖起大拇指。"当我们的需求未得到满足时，我们就会产生情绪。这时我们需要意识到自己的情绪，并给它们命名，比如悲伤、愤怒、害怕、伤心、气馁、生气等。然后，我们需要找到健康的方式来释放情绪，比如深呼吸、倒数数字、去安静的地方冷静一下、砸发泄球、绘画、运动、听音乐、撕纸等。"

听完妈妈的建议，林林问："看电视可以吗？"

"只要是不伤害自己、不伤害他人、不破坏物品的方式都是健康的，都是可以的。"林林听后开心地说："那我可以成为自己情绪的主人了！"

帮助孩子明晰每个人都会经历情绪波动，特别是在我们的需求或期望未能满足时，它会自然出现。这种反应是人之常情，我们应当首先接受并允许自己去感受这些情绪，进而学习掌握恰当的方法缓解情绪。

睿智情商[①]在培养幼儿过程中强调健康表达情绪的三原则：一不伤害自己，二不伤害他人，三不损坏物品。这些原则旨在以建设性的方式缓解情绪，而不是通过负面行为（如摔东西、尖叫、打人等）来应对情绪。

作为父母或教育者，我们有责任为孩子树立管理情绪的良好典范。通过采用积极健康的方式来处理自己的情绪，同时引导孩子学习简单的技巧缓解情绪。

★ 问题解决，给予积极反馈

看着林林满足的笑容，妈妈内心也松了一口气："那情绪缓解了之后，我们来看看你之前想搭的云梯需要用什么方式来完成呢？需要妈妈帮忙吗？"

"妈妈，我来。我可以把它搭好，你就在旁边看着我。"林林投入地搭建着乐高。父母相视一笑，似乎找到了解决困扰的方法，看到了希望。

---

① 详见北京家园共育课技中心 http://www.bjjygy.com/。

快要搭成的时候，林林很担心会再次坍塌，他非常小心谨慎地搭建。十几分钟后终于成功了。林林跳起来庆祝，尽管他的这一跳跃导致作品又塌了，但他深呼吸说："没关系，反正我已经搭成了，塌了就算了吧！"

妈妈听到这样的话感动得眼眶湿润："儿子，你太厉害了，这次你真的成了情绪的主人，没有被它控制，妈妈非常佩服你。"林林露出羞涩的笑容。这一刻，父亲也为自己未能妥善管理情绪向林林道歉。一家人在欢声笑语中度过了愉快的时光。

在教孩子处理情绪的过程中，要明确"先处理情绪，再处理事情"的步骤。当孩子的情绪得到缓解之后，我们应该引导他们重新面对问题，并激发他们认识到解决问题的多种可能性。鼓励孩子按照自己的方式再次尝试，这有助于增强他们对情况的控制感和对自我的信心。

在孩子成功管理自己的情绪后，父母应给予积极的反馈和语言上的支持。通过持续的支持与鼓励，让孩子感受到父母对他们情绪管理能力的信任。

随着时间的积累，孩子可以逐步学会识别、命名和缓解自己的情绪，最终成为情绪的主人。对父母和教育者而言，需要展现出耐心、理解和支持，以协助孩子在成长过程中发展这些关键的技能，从而帮助他们更好地管理情绪。

孩子总是让你猜：
启发式提问，让孩子勇敢表达出自己的需求

在幼儿园的日常管理中，我观察到一种现象：遇到问题时，有的孩子不愿意直接表达，而是选择沉默或者通过其他方式来引起大人的注意，比如让你猜。这种情况下，如何引导孩子勇敢地表达自己，成为我们教育工作者和家长共同关注的问题。

● 案例故事

周三，晨间散步结束，孩子们集合返回教室时，柔柔已经排好了队。突然，文文走了过来，直接站到了柔柔的前面，插了她的队。柔柔迅速将文文拉到自己的身后，文文立刻放声大哭。见此情形，老师急忙赶过来询问文文发生了什么事。文文一边大声哭泣，一边含糊其词地嘟囔着。老师耐心地询问并猜测，终于弄清了事情的原委，并解决了问题。

回到教室后，孩子们在集体走线时，文文在教室一角气愤地发泄着。老师注意到了，便过来叫她。恰逢我进入教室观察，于是示意老师离开，由我来继续观察文文。文文发现老师没有继续叫她，反而离开了，她更加生气地走向卫生间，边走边愤愤不平地咕哝。

她偷偷回头，希望发现老师跟随过来，但并未如愿。于是她无趣地离开卫生间，走到床边继续低声抱怨。她偷偷斜视，发现老师们仍未跟随过来，气呼呼地拿起一个垫子重重地坐在地上。

工作结束准备吃水果时，文文洗过手回来发现有小朋友的工作尚未完成，她便热心地上前帮忙。收拾完毕后，她转身去拿水果，老师提醒她去洗手。文文立刻又生气地反驳："我已经洗过手了！"老师耐心地解释："由于之前洗完手后又接触了工作，需要再次洗手。"听到这里，文文的情绪再次落入了不快之中，就像早上排队时一样，文文转身离开教室气冲冲地跑到了走廊上。经与老师沟通，了解到文文每天都会有四五次这样的情况发生。

这种"让你猜"的行为模式可能源自孩子早期的经验，即他们发现只要犟着不说话，成年人便会过来询问、猜测他们的心思，并协助解决问题。一旦这种行为模式固化，孩子长大后在社交中也倾向于使用同样的方式：不表达自己的感受和想法，期望他人能够揣测其心思。然而，实际上，最了解一个人的莫过于他自己；除他之外，别人无法准确猜到他的内心世界，这种沟通的缺失最终会让他感到痛苦。

解决方法

★尊重孩子，传达真相

我走向走廊，发现文文正噘着嘴，气愤地蹲在一角。看到我出现，她迅速转身背对着我，继续生闷气。我轻轻地蹲下，轻拍她的后背问道："文文，你是想自己冷静一会儿，还是准备去吃水果？"她用力推开我放在她背上的手，生气地"哼"了一声，继续保持背对我的姿态。

我平静地告诉她："好的，蓝天妈妈尊重你的选择。如果你想生气，我允许你这么做。但是，蓝天妈妈必须告诉你一个真相：你可能会因此错过吃水果的时间，包括稍后的户外活动时间。如果你打算整天都生气，那么今天你可能错过许多有趣的活动。如果你选择与愤怒为伴，我会通知老师，今天我们会尊重你在这里生气，直到你愿意解决问题为止。"

当孩子习惯于使用自认为高效的模式与他人互动时，可能并未意识到这种行为对自己或他人造成的影响。许多成年人也常陷入这样的思维模式：如果你能猜透我的心思，就是爱我、懂我；如果猜不透，就是不爱我、不懂我。不少婚姻关系之所以陷入困境，正是因为在孩童时期形成的这种"让你猜"的互动模式。

虽然这种方式可能在童年时期带来一时的满足感，却为未来的社交关系埋下潜在的隐患。因此，让孩子面对现实，允许并尊重他承担自然后果，这样做是为了让他提前体验未来可能遇到的情境，从而学会更健康的应对方式。

★ 推动成长，自我调整

为了促进孩子的成长和自我调整，我接着说："我回教室了。当你不再生气，想解决问题时，可以来找我，我很乐意帮助你。"说完这些，我又拍了拍文文的肩膀，准备起身离开。

文文带着急迫和焦虑的语气说："可是水果他们已经吃完了。"

我心中暗自高兴，问道："哦，文文，你是担心洗完手回来时，水果已经被分完了，是吗？"文文点了点头。我继续表示理解："蓝天妈妈很欣赏你乐于帮助其他小朋友的品质。你帮完别人后想吃水果，却因为老师让你重新洗手而担心水果没了，所以你感到生气，对吗？"

文文似乎感到被理解了，立刻回答："是的。"

向孩子施加适当的压力，使其认识到成人不会总是按照他们预期的方式做出反应，这突破了孩子固有的经验模式。置孩子于一定的不安之中，激励他们自我调整并愿意以理性的、健康的态度解决问题。无论是成人还是儿童，要改变一些根深蒂固的观念，需经历一定的压力才会触发改变的意愿。

★ 启发提问，勇敢表达

我又问："那你知道老师为什么让你洗手吗？"文文思考了一下，回答说："知道，是因为担心把细菌吃进肚子里。"我立刻竖起大拇指称赞道："很好，你能理解老师对你的关心和爱护。那么你最担心的还是洗完手后，水果没有了，是吗？"文文再次点头说："嗯。"

我继续提问："你觉得怎么做才能让老师明白你的想法？你生气跑出来，我们大家都不知道你的想法是什么，都以为你是不想洗手。"

文文马上说："我要和老师说。"

我赞赏地说："没错，文文，生闷气只会让你自己难过。如果你不表达出来，别人就无法理解你。很少有人有耐心去猜测你的心意，你需要勇敢地表达自己的想法，这样别人才能给予你支持。蓝天妈妈相信你已经知道该怎么做了。让我们一起回教室找老师吧！"

这一次，她的眼中闪烁着期待的光芒。她走到老师面前说："我担心洗完手回来，水果就没有了。"老师惊喜地蹲下来说："原来你不是不想洗手，而是担心水果会被分完啊！看，小朋友们已经给你留了一些，柔柔刚才还说：'这是文文的呢！'"

老师告诉文文："下次如果你有什么需要，可以直接告诉老师，老师会很乐意帮助你。"她听了之后，脸上露出了笑容，高兴地去洗手间洗手，然后回到座位享用水果。

从她满足的表情中可以看出，这次经历对她的成长来说是极其宝贵的。

这个简单的互动，就是启发式提问的魅力所在。我没有直接给出解决方案，而是通过提问，让文文自己意识到问题的所在，并激发她想要解决问题的欲望。这种提问方式，不仅能够帮助孩子识别和表达自己的感受，还能够培养他们解决问题的能力。一旦具备这样的能力，孩子就可以学会清晰地表达自己，只有表达与沟通才可以解决问题，要成为情绪的主人而不是情绪的奴隶。

在未来的教育实践中，我将继续探索和实践启发式提问，希望能够为孩子们的成长提供更多的帮助，也希望能够与更多的父母和教育者分享这一教育模式，共同为孩子们的明天打造更加美好的未来。

孩子经常提出不合理的需求：
守住底线，让孩子学会管理情绪

我作为幼儿园的园长，在温馨的阳光下，见证了许多孩子的成长小故事。其中，小杰的故事让我印象深刻，他有时会提出一些不合理的需求，并试图用各种方式来考验大人的耐心。

◎ 案例故事

小杰曾无数次伴随妈妈接送哥哥上下学，现在终于轮到了小杰上幼儿园了，这让他感到无比的兴奋和激动。第一天上午，他在充满喜悦的氛围中度过。然而，他逐渐地发现幼儿园的生活与家中明显不同，不能随心所欲。当午休时间到来时，小杰开始哭泣，坚决表示要去找哥哥。

恰巧，我在此时经过并注意到了小杰，询问他发生了什么。他表示想要离开，不要上学。我继续询问："你是想在香樟树广场玩耍吗？还是想去找哥哥？或者跟我一起去办公室？"小杰摇摆着可爱的小脑袋，最终决定与我一同前往办公室。办公室里有食物、饮料、玩具以及绘本。当我开会时，小杰在旁边自由玩耍，度过了愉快的午休时光。

会议结束后，小杰整理好东西准备返回班级。当我们走到步道时，小杰突然放声大哭，表示要找妈妈和哥哥。小杰试图通过情绪来获得不去班级的需求。他已经意识到返回班级意味着无法随心所欲，所以选择哭泣，期望我带他离开教室。观察到这一点，我不禁笑出声，这个小家伙的心思被我看穿，却浑然不觉。由于他的需求并不太合理，所以我要坚定地守住底线，下午他肯定是要回到班级的。

小杰已经对幼儿园的日常流程和班级规则有了充分的了解，明白在园内不可能像在家中那样随心所欲，比如任意选择同伴陪伴自己、拒绝午睡等。

当我注意到他的行为，便试探性地询问，想要判断他是否真的想念哥哥，想要回家，或者是展现出分离焦虑，又或者试图以情绪要挟成人，不去加入班集体。然而，当我向他提问时，答案已不言自明——他不想午休，而是希望继续玩耍。考虑到他刚刚入园，我决定允许他逐渐适应环境，给予他独立的权利和成长的空间，因此将他带到了办公室，与我共同参与会议。

会议结束后，本应返回教室的他突然意识到，或许通过哭闹可以实现不用遵守幼儿园日常流程和班级规则。于是，他调动过往的习惯和经验试图用情绪争取更多的自主权。

解|决|方|法

★看见生命,允许不断尝试

我走到小杰身边,平静地对他说:"小杰,如果你有任何需求,可以直接告诉我。大声哭泣并不能让我理解你的真正意图,只有通过言语表达,我才能给予你帮助。"然而,小杰并未停止哭泣。

我继续说道:"好吧,如果你想哭,那就哭一会儿吧!等你情绪平复一些,我们再来沟通。"说完,我便走向观鲤池旁的石头坐下,留给小杰一些时间来思考。

小杰显得有些困惑,他原本以为通过哭闹可以吸引我的注意,从而满足他不回班级的愿望,但我的反应出乎他的预料。无奈之下,他尝试改变策略,开始在地上打滚,同时大声喊道:"我要找妈妈,我要找哥哥。"

小杰的行为既可爱又有趣,他虽然年幼,但生命力旺盛,为了达到目的不断尝试各种方法。这可能是他在家里习得的行为模式,用情绪来操控成人以满足自己不太合理的需求,但他没料到这次遇到了"对手"。

我再次假装没有看出他的小心思,对小杰说:"你有什么需要吗?如果有,你可以告诉我;如果你只是想哭一会儿,那么我可以陪着你,等你哭好了我们再来沟通。"

这时,小杰显得有些不知所措。他不理解为什么我不按常理出牌。他又爬起来,开始跑、跳、跺脚,试图用新的方式吸引我的注意,让我妥协满足他的不合理要求。

允许孩子以他们自己的方式表达需求是重要的，但作为成人，我们不应因恐惧他们的情绪表现和行为而让步。保持自身的情绪稳定，让孩子充分体验情感的流动，待他们耗尽所有尝试后，自然会从情绪化的状态中走出，进而接受正确的沟通方式与解决问题的方法。

★ 温柔坚定，给予时间空间

我告诉他："你看你已经快要跑到我面前了，上来吧，告诉我你要干什么，我们可以达成协议。"终于，小杰意识到他的计谋并未奏效，生气地说："哼，我要玩滑梯。"

我回应道："哦，原来是想要玩滑梯啊。来吧，我带你去桂花园，那里有滑梯。"小杰立刻停止了哭泣，走向我，我们手牵手一起走。其实孩子此时正为自己找台阶下。

我一边带他往假山方向走，一边说："你看！你本来就只是想玩个滑梯，对吧？你可以直接跟我说，'蓝天妈妈，我想玩滑梯，我们玩了滑梯再去班里面可以吗？'我就会明白你的需求并满足你。但你刚才又哭又跳的，让我无法理解发生了什么。你是知道的，现在还没到妈妈来接你的时间，所以你必须回到教室里，但是你想让自己玩一下再回班级，你是可以直接告诉我的，不需要用哭闹来解决，哭是用来发泄情绪的，不是用来解决问题的。"小杰好像听懂了，他点点头，我们便朝桂花园走去。

回顾整个过程，这个孩子，在用自己认为可行的方式试图迷惑大人，仅仅为了避免轻易地回到集体之中，动用了生命中所有的资源，只为赢得一些自主的权利。这展现了孩子内心对自主独立的强烈渴望。既然如此，我们为何不全力支持孩子呢？我们应该保护孩子的自主意识，给予他们适当的自由，允许他的成长有充分的空间和时间。

★ 尊重支持，给予自主权

在假山上时，小杰问："我可以玩3次滑梯吗？"我回答："当然可以。"到了桂花园，他果真只玩了3次。之后，他又看到墙边的平衡木，问："我可以开个火车再回教室吗？""当然可以，你想开几下？""开20下。""好的。"小杰将几根平衡木摆成一列，模仿开火车的样子在上面走，同时让我数数。我慢慢地数着，刚数到3，小杰就迫不及待地喊道："4、5、6。"然后催促我继续数。我疑惑地继续数着，小杰跟着数完剩下的数字，然后满意地跑进教室。

孩子通过不断地试探和挣扎，实际上只是在寻求一份自主权。我本以为可以慢慢数数让小杰多玩一会儿，没想到他自己快速完成数数，大摇大摆地跑进了教室。进去后，他开心地洗手，准备享用点心。

在这个过程中，小杰学会了不再用情绪要挟成人，学会了更好地管理自己的情绪，也明白了合理与不合理之间的界限。而成人也要从中学到如何守住底线，给予孩子适当的允许与尊重，让孩子在遇到问题时，能够寻找到合适的解决方案。

每一个孩子都是独一无二的，他们的每一个问题，都是我们教育的契机。让我们一起，抓住这些关键时刻，用爱和智慧，引导他们健康、快乐地成长。

第五章

孩子经常苦恼没有朋友和他玩，怎么办？

——如何培养孩子的社交能力

在孩子的成长历程中，父母经常遇到一个棘手的难题：孩子无法结交朋友，缺乏伙伴交流玩耍。这不仅导致孩子体验孤独与挫折，也成了家长心中的负担。然而，这一挑战恰好为我们提供了教育契机，通过培养孩子的社交技巧，我们不仅能解决眼前的难题，还能为孩子未来的人际网络奠定坚实基础。

社交能力是个体有效沟通、建立并维持关系的能力。在孩子早期成长阶段，尤其是 7 岁前，社交技能的萌发和提升至关重要。此时的孩子正处于性格塑造和社会观念形成的关键时期，他们与人相处的方式、处理冲突的方法以及自我表达的技巧，都影响着未来人际关系的质量。社交能力的培养不单让孩子生活中拥有友人，更关键的是帮助他们树立自信和自尊。能够与他人和谐互动的孩子，更容易获得积极的社会回馈，增强自我价值感，促进全面发展。因此，在孩子成长过程中，社交能力培育是一项基础而关键的工作。

然而，培养社交能力并非一蹴而就，它需要家长和教育者的细心培育与持续引导。通过日常交流、交友问题应对与解决和教育活动让孩子们学习表达自我、倾听他人、理解感受及分享，为孩子学习社交奠定基石。7 岁前的社交培养对孩子一生的影响不可小觑。它关乎孩子未来的幸福和成功，是每位家长和教育者都应重视的教育任务。让我们抓住这个黄金时期，为孩子社交能力的发展添砖加瓦，让他们的未来因良好的人际关系而更加光明。

孩子说自己没朋友：
培养孩子主动交朋友的能力

作为幼儿园园长的我深深体会到，对于 7 岁以下的孩子来说，交朋友总是一件不太容易的事。就像小诺这样的孩子，面对朋友的拒绝，她可能会感到孤独和困惑，甚至产生不愿意上幼儿园的情绪。而对于小诺的妈妈来说，看到孩子在小区里也没有朋友，她的心里充满了焦虑和无助。这是一个需要我们关注和解决的问题，也是一个教育的契机。

● 案例故事

夜幕降临，幼儿园的门口映出一束柔和的灯光。小诺拖着沉重的步伐，眼中含着泪光，一见到妈妈的面，便忍不住哭诉起来："妈妈，我真的不想去幼儿园了。"她哽咽地讲述着在幼儿园里的孤独，声称自己总是被同伴排斥在外。这样的场景对小诺妈妈来说早已不陌生，每一次都像是重锤击打在她的心上，让她感到无比焦虑和束手无策。

妈妈决定改变这一切，带着小诺来到小区的公园，怀揣着希望，期待女儿能融入其他孩子的圈子。但小诺只是紧紧地抓着妈妈的衣角，身体隐匿于她的保护之下，不敢向前迈出半步。即便在妈妈的鼓励和介入下，小诺依然畏缩，这使妈妈既气愤又心疼，抱着她默默地走回家，整个夜晚，家中弥漫着冷战的氛围。

清晨到来时，小诺坚决抗拒再去幼儿园，妈妈怒火中烧，只能强制将小诺交到老师的手中。

面对小诺的孤单以及小诺妈妈的忧虑，我们该如何协助小诺建立起自己的社交圈呢？儿童的社交能力并非与生俱来，而是通过实际行动和恰当的引导才能逐渐培养起来。所以无论作为家长还是教育者一定要调整好心态，积极正向地引导孩子交朋友。针对小诺这样的孩子，我们需要指导她学习如何主动结交朋友，如何与他人建立并维持良好的人际关系。

 解决方法

★静观其变，适时适宜介入

午后的阳光轻柔地覆盖了教室门口的长廊，我静静地站在一旁，目光穿过熙攘的人群，捕捉到了小诺的身影，她在不远处孤独地站着，我决定静观其变，看是否有机会给予她一些社交上的指引。

不久后，小诺似乎鼓起了勇气，缓缓地向一个正在享受"过家家"乐趣的小团体靠近。她带着一丝期待，向昕昕投去了渴望的目光，小心翼翼地发出了邀请："昕昕，我们一起玩好吗？"然而，昕昕无情地摇了摇头，冷漠地回应："今天我不想和你玩，我想和别人玩。"这突如其来的拒绝让小诺的表情瞬间黯淡无光，她眉头

紧锁，失落地蹲下。

培育儿童建立稳固的人际关系是一项长期而细致的任务，需要我们耐心审视并捕捉教育的良机。在孩子遭遇社交困境之际，正是施教的好时机。只要我们能适时把握这些时机，便能引领孩子走出孤独，逐步拓展其友谊圈子，从而为他们的未来播撒希望之光。

★安抚情绪，引导勇敢表达

见状，我走向小诺，蹲下身来，轻轻地拍了拍她的肩膀，关切地问道："小诺，你怎么了呀，需要蓝天妈妈的帮助吗？"小诺抬起头，声音带着哽咽："我没有朋友，昕昕她们都不想和我做好朋友……"

我平静地将她搂入怀中，柔声说道："哦，昕昕拒绝了你，你有一些难过是吗？"小诺点了点头，眼泪在眼眶里打转。"那蓝天妈妈可以抱抱你吗？"我问。小诺再次点头，我便将她紧紧地拥入怀里。

感受到小诺情绪逐渐稳定，我轻抚她的发顶，柔声启发她："小诺，当昕昕拒绝你时，你是觉得自己不够好，还是感到孤独，或者是因为你很想加入游戏而无法接受被拒绝？你心里是怎么想的呢？"

小诺沉思片刻，低声回答："我觉得她们不喜欢我，就是不想跟我玩。"

在孩子情绪低落之际，作为成年人，我们必须调整自我心态，避免被孩子的情绪所牵动，沉溺其中。唯有保持客观冷静，我们才能引导孩子超脱情绪困扰，理性地审视情绪背后深层的需求与认知。通过这样的方式，我们方能协助孩子寻求恰当的解决问题之道，给予孩子坚定的安全感。

★探索真相，打破固有认知

我继续说道："原来你是这样想的。那蓝天妈妈陪你一起去找昕昕谈谈，问问她为何拒绝你。如果真的是因为不喜欢你，我们也可以了解她不喜欢你的原因，知道了原因后我们可以做出调整。否则，小诺总是因为没有朋友而难过，蓝天妈妈也会为此心疼。你愿意勇敢地与昕昕沟通吗？"

小诺沉默不语，垂头丧气，显然缺乏勇气。我鼓励道："无论发生什么，蓝天妈妈都会在你身边帮助你。"听到我的保证，小诺点了点头，表示愿意尝试。

我牵着小诺的手，一同走向昕昕，并说："昕昕，打扰一下，小诺有话想对你说。"昕昕疑惑地睁大双眼，点点头。小诺紧张地躲在我身后，我蹲下来，逐句示范正确的交流方式："昕昕，我很喜欢你，想跟你一起玩，但你拒绝了我。是不是因为你不喜欢我？"小诺轻声模仿我的言辞询问昕昕。昕昕解释说："不是的，我们人数已经够了，玩过家家的'家庭成员'已经够了，所以没有让你加入。"

昕昕的回答让小诺的身体明显放松。我立即追问："那你喜欢小诺吗？"昕昕愉快地说："喜欢呀，上次我们还一起玩过。今天只是人够了。"旁边围观的孩子们也纷纷表达对小诺的喜爱。听到大家的回应，小诺终于忍不住露出了笑容。

我们时常深陷于自我设想的苦恼之中，有些想象并非事实。当我们鼓励孩子勇敢探寻事物真相时，他们便能明白：遭遇问题并不意味着停滞不前，而是可以借助沟通寻求解答，重新找到前进的方向。小诺在交友上缺乏自信，为了增强她的自信心与内在的力量，我创造条件让她听到每位小朋友对她的喜爱之声，使她坚定了自我认可，进而提升了她的自尊和自信。

★抓住契机，植入正向价值观

我将小诺再次搂入怀中，告诉她："你是独一无二的，世界上没有任何人能取代你。你值得大家的喜爱。首先，你要先爱自己，这比任何人的爱都重要。当我们遭遇拒绝时，难过和伤心都是很自然的反应，即使是蓝天妈妈也会有这样的情绪。但是，小诺，你得知道每个人都有权利拒绝别人，包括你。我们要学会尊重别人的选择，有时候他们只是暂时不需要。我们可以稍后再试，或者去找其他的朋友。"

小诺的笑容更加灿烂了。我进一步指导她："现在，你是想再等等看昕昕是否需要新的角色，还是去找其他的小朋友呢？"小诺坚定地回答："我想找然然，和然然一起玩。"我鼓励她说："太好了！只要你主动去寻找，你的朋友会遍布各处。记住，别人的拒绝并不代表你不好，只是他们暂时不需要。尊重他人的决定，并勇敢去尝试，你就会拥有很多朋友。"

小诺鼓起勇气，不久便找到了新伙伴，她们玩得不亦乐乎。老师后来反馈说小诺不再因没有朋友而烦恼，她的母亲也告诉我，小诺在社区里交了许多新朋友。

在儿童早期发展阶段，心理适应能力很强，往往简单的对话即可引导他们克服困难。与之形成鲜明对比的是，青春期及成年期的个体，其心理调整过程较为复杂。因此，7岁前的早期教育至关重要，此阶段孩童的可塑性极高。

每个个体均拥有拒绝他人的权力。遭遇拒绝时感到悲伤与失落是人之常情，我们应学会尊重并接受他人的决定。被拒绝并非自身缺陷的象征，而是表明他人暂时无需求。我们可以教导孩子耐心等待后再次尝试，或是寻找新的朋友。

作为父母与教育工作者，需认识到社交技能对孩子未来生活的深远影响。具备良好社交技能的孩子，将来在学校、职场以及日常生活中与人协作更为得心应手，处理人际关系也更为顺畅。故此，培育孩子的社交技能应当成为教育的核心目标之一，以助力他们成长为具有社会责任感和良好人际关系的社会成员。

被要求带东西，否则不跟他玩：
储存情感支票，培养孩子社交小技能

我们有时看到孩子们在玩耍时，会面临朋友的要挟，比如被要求带玩具或零食，否则就不跟自己玩。这种情况对孩子来说是一种挑战，但我们可以通过这个问题，来培养孩子的社交小技能，让他们学会如何处理这种复杂的人际关系。

案例故事

在阳光明媚的操场上，小雨和丽丽的友谊如同她们跳绳时交织的双影，密不可分。丽丽似乎习以为常地将小雨的玩具、零食据为己有，而小雨，尽管心中有着难以言说的委屈，却始终没有勇气去拒绝，她害怕一旦说"不"，就会失去这位朋友。

直到有一天，那件小雨最爱的书包挂饰成了她们二人冲突的导火索。丽丽对它爱不释手，坚决要求小雨转让给她。面对丽丽的坚持，小雨心头一紧，但她终于鼓起勇气，轻声提出了一个折中的建议："我可以请妈妈买一个同样的给你。"丽丽经过考虑后同意了。

那个晚上，小雨带着一丝紧张回到家中，恳求妈妈为她再购买一个相同的书包挂饰。她的坚持让妈妈感到困惑，原以为只是孩子的一时兴起，但当了解到背后的隐情后，妈妈感到既愤怒又心疼。女儿竟然因为害怕失去朋友，而忍受着这样的心理压力。深感无助的妈妈最终找到我，希望我能给出一些指导和帮助。

在这个世界上，真挚的友谊从来不应建立在牺牲自我尊严的基础上。教育和引导孩子学会合理维护自己的权益，同时也要培养他们处理人际关系的智慧，这是我们作为家长和教师不可推卸的责任。

★引领示范，正确拒绝

次日一早，我提前抵达小雨与丽丽的班级，等候两个孩子的到来。按照事先的约定，小雨的妈妈早早地将她送到了学校。我蹲下身，温柔地对小雨说："你很珍惜和丽丽之间的友谊，非常重视这段友情，对吗？"小雨轻轻点头。我继续说道："蓝天妈妈能感受到你对友谊的重视。但我想告诉你，真挚的友谊建立在相互尊重和平等之上。如果因为迁就别人而让自己受委屈，最终只会让自己受伤，而且对方可能误以为你很乐意这样做。"

我的目的是帮助小雨学会如何建立一种既舒适又和谐的友谊关系。真正的友谊是建立在互相尊重和理解的基础上的，这样的友谊才能让双方都感到满意和快乐。

正当我们交谈时，丽丽也来到了学校。我鼓励小雨向丽丽表达自己的想法，并逐句指导她如何表述："丽丽，很抱歉，这个书包链是我妈妈送给我的节日礼物，我真的很喜欢它，也很珍惜。我不能把它送给你。我请求妈妈再买一个给你，但她拒绝了，所以我不能履行昨天的承诺，无法将它赠予你。"

教孩子如何保护自己的权益，每个人都有权利说"不"，并且不需要为此感到内疚，让孩子在安全的环境中真实地表达自己的观点和感受。

听完这番话，丽丽显得有些茫然，却很快回应说："没关系，那我不要了。"

原本紧张的小雨听到丽丽的回答后立刻放松了，两人手牵手一起进入了教室。

我深知这个问题尚未彻底解决，孩子们需要更深刻地理解何为友谊，以及如何维护这份珍贵的情感。然而，教育需要一个契机，我们需要耐心等待这一时刻的到来，以便真正帮助两个孩子成长。

很快，教育孩子们的契机降临了。那天下午放学后，小雨和丽丽的妈妈来到我的办公室讨论一些事情，两个孩子也跟随着一起。她们一进入办公室，便被里间像秋千一样的藤椅所吸引。

小雨好奇地问："蓝天妈妈，我可以玩这个藤椅吗？"

"当然可以。"我爽快地答应了。

得到同意后，小雨兴奋地坐到藤椅上开心地荡起来。

看到小雨玩得这么高兴，丽丽也想尝试，于是她问："小雨，我可以玩一会儿吗？"

"稍等一下，我还想再玩一会儿。"小雨回答。过了一会儿，小雨从藤椅上下来，边下边说："丽丽，我玩好了，轮到你了。"

丽丽立刻开心地坐上去荡了起来。等待了许久不见丽丽停下来，小雨说："丽丽，你该下来了，这椅子是我先选的，现在我也想玩了。"

丽丽却大声反驳："可是你已经让给我了，现在我才是它的主人，我有权利决定是否让你玩。"听着丽丽有理有据的表达，小雨瞬间感到委屈并哭了起来。两位家长觉得这是一个绝佳的教育机会，都把目光转向了我。

通过观察两个孩子的对话，我发现丽丽的话并非没有道理。当小雨将藤椅让给丽丽时，丽丽确实成了这个藤椅的新主人。作为主人，她有权决定是否允许别人使用。

然而，这样的互动对小雨来说意味着什么呢？她会从中学到分享的意义和感恩吗？作为原主人的小雨，未来还会愿意分享吗？对于两个孩子而言，这些都是模糊的概念，需要成人的引导和示范。

但不得不感慨，小雨通过上次的事情，已经敢于表达拒绝，并且可以表达出自己的需求，而丽丽也学会了尊重朋友，这两个孩子都有成长和进步。

★ 透过游戏，显现真相

在听完两个孩子叙述整个事情经过后，我确认了事实，然后走到丽丽面前说："丽丽，现在你是坐在这个藤椅上，所以分享与否由你决定。但是蓝天妈妈想告诉你一个真相，然后再由你来决定是否分享，可以吗？"

丽丽有些紧张地点头。

我真诚地看着丽丽的眼睛说："朋友之间相处就像有一个看不见的情感账户。现在我给你看一个示范。"我拿了两个杯子和几张纸条放入杯中，分别给了丽丽和小雨一个。"这个杯子代表你们的情感账户，而纸条则是你们的支票。现在你们是好朋友，我们来看看接下来会发生什么。"

在我的引导下，孩子们进行了一个简单的模拟演练。

丽丽问："小雨，我可以坐你的藤椅吗？""当然可以。"这相当于小雨从她的情感账户中取出一张支票存入了丽丽的账户。此时，丽丽有四张，小雨有两张。

接着，丽丽又问："小雨，我可以看你的书吗？""好的。"于是小雨又给出一张支票。此时，丽丽有五张，而小雨只剩下一张。

然后丽丽又说："小雨，你可以跟我分享你的零食吗？""好的，给你。"小雨把她账户里的最后一张支票给了丽丽。现在，丽丽有六张，而小雨的账户空了。

这时，丽丽说："哼！这些钱都是我的，我不跟你玩了。"

如果用对错的标准来评判，其实当时丽丽说的话是没有错的。可虽然没有错，但是她的这种行为意味着她有可能会失去小雨这个朋友，与此同时也意味着小雨以后不敢再分享。这对两个孩子的人际关系都是有影响的。

所以通过情感账户这个例子让丽丽明白，人和人之间的情感是需要流通的，这样我们才能够拥有长久的友谊，否则的话为了满足自己一时的欲望，最终的结果只能是伤人伤己。

★引发思考，看到后果

模拟演练结束后，我说："丽丽，今天你和小雨一起玩，明天后天甚至以后，如果你带着这种行为与其他小朋友相处，时间长了，你知道会发生什么吗？"

丽丽似乎开始明白了，用她那大大的眼睛看着我。

我继续解释："可能你的情感账户里会有很多钱，但你的朋友们的账户都是空的，因为她们的钱都给了你。如果你只接受不给予，慢慢地她们都会离你远去。不是她们不喜欢你，而是和你在一起她们只有付出却没有回报。时间久了，你就会没有朋友，只剩下孤独和一堆无效的支票陪伴着你。为什么会这样呢？因为情感账户需要互相流通，彼此交换，这样大家的账户才能都有钱，友谊才能长久。

"蓝天妈妈为什么要给你讲这个情感账户的例子呢？就是想让你明白，当小雨把藤椅让给你的时候，你成为主人，当她再次想坐时，你可以拒绝。但从这个过程中，你学到了什么呢？是占有和欲望，而你的朋友学到的是不再分享和信任。这样一来，你们的情感账户就是负数，友谊也就消失了。丽丽，你能明白我的意思吗？"

当我说到这里时，丽丽的脸微微泛红。

看到丽丽的反应，我接着说："当然，丽丽，我知道你确实很想玩那个藤椅，只是你之前不知道不分享会对你们的友谊产生什么影响。今天我通过这个情感账户的例子希望你能明白，相信你现在知道该怎么做了。"

说到这里，丽丽立即说："小雨，我玩好了，轮到你了。"之后，两人还制定了轮流玩耍的规则，整个过程都非常友好，再也没有发生任何分歧和不愉快。

站在孩子的角度上去看待事情，不是简单评判对错，而是在孩子遇到困难和问题的时候去引领示范，帮助他们，让他们明白友谊是需要经营的，这才是教育的意义与价值。

孩子不敢跟别人玩：
交友有步骤，帮助孩子应对社交挑战

在幼儿园里，有一名新加入的小朋友叫小晨，他三岁半，正处在对世界充满好奇，渴望探索和建立新友谊的年龄。然而，他面临着一个挑战：虽然他很想要和其他小朋友一起玩耍，但每当他遇到不熟悉的孩子时，就会变得羞涩，不敢上前。

◉ 案例故事

一天户外活动时间，我无意间发现小晨独自一人在沙池边玩耍，他的眼神不时地掠过那群正在忙碌地搭建沙滩城堡的孩子们。他的眼中闪烁着一股强烈的渴望，渴望加入那个欢乐的小团体，然而他的脸上却挂着一丝明显的犹豫和迟疑。这一幕触动了我的心弦，我决定走过去，看看是否能够帮助他迈出那看似遥不可及的一步。

我轻轻地坐在他的身旁，用最温和的声音问道："小晨，你想和他们一起玩吗？"他抬起头，眼中闪过一丝希望的光芒，然后默默地点了点头。随即，他又低下头，声音中带着一丝无奈和羞涩："但是，我不敢。"

那一刻，我深深地感受到这个孩子对友谊的强烈渴望，以及面对新环境和新人时的无措和恐惧。对于他来说，主动融入一个新的环境，结交新的朋友，不仅需要勇气，更需要一些社交的技巧。

于是，我决定尝试为他示范如何交朋友，帮助他理解并应对这个挑战。通过我的引导，希望他能够学会如何打破内心的障碍，如何用最简单的方式去接触和了解那些陌生的小伙伴们，如何在新的社交环境中找到自己的位置。

解 决 方 法

★ 表达感受，启发思考

"小晨，蓝天妈妈感受到了你渴望与他们一起玩，但你似乎有些犹豫，是因为害怕被拒绝，还是不知道如何与他们建立友谊呢？"面对我的提问，小晨显得困惑，摇了摇头，显然他未曾考虑过这个问题。我温柔地提议："让蓝天妈妈陪你一起，我来指导你如何交朋友，好吗？"

小晨眼中闪烁着希望的光芒，点头答应了。

孩子们从家庭环境开始融入集体生活时，常面临适应难题和交往挑战。此阶段，他们可能因不知如何与其他小伙伴相处而感到迷茫与困扰。这需要成人深刻理解并关注孩子的内心世界，协助他们逐步培养社交意识。多数时候，孩子们之所以未主动思索这些问题，是因为在他们成长的过程中，周遭的成人已经替他们思考并安排了一切。因此，当我尝试让孩子表达感受并询问其原因时，他们往往无法给出明确的答案。然而，通过启发式的引导，我们可以渐渐激发出孩子独立思考的能力。

★**交友五步骤：打招呼、自我介绍、赞美和帮助、提出请求、失败了再寻找**

我柔和地告诉他："交朋友需要勇气，并且有一定的方法。蓝天妈妈可以为你示范！"小晨以充满信任的眼神回应我。我牵着小晨的手，走到涛涛面前，友好地说道："你好呀，涛涛（打招呼），我叫小晨（自我介绍），你搭建的城堡真是富有创意（赞美），我可以加入吗（提出请求）？"我逐步引导小晨向涛涛表达自己的想法。

涛涛看了看我，然后又看了看小晨，说道："不行，我已经完成了，你不能加入。"听到涛涛的拒绝，小晨立刻低下了头，明显感到失落。我继续询问涛涛："你拒绝小晨是因为你现在的游戏不需要伙伴参与，对吗？""是的。"涛涛坚定地回答。我再次确认："也就是说，你并不是不喜欢小晨，只是暂时不需要伙伴，对吗？"涛涛再次肯定地回答："是的！"

我拉着小晨解释说："看，涛涛有权拒绝我们，但他的拒绝仅仅是因为他目前不需要伙伴，并不是因为我们不好，我们可以继续寻找其他朋友。"

于是，我陪着小晨继续前行，来到正在售卖冰激凌的小瑜旁边。小晨说："你好，小瑜，我是小晨，看到你卖冰激凌觉得很有趣，我可以成为你的顾客吗？"小瑜非常热情地回应："当然可以，你想要什么口味的冰激凌？"小晨毫不犹豫地说："草莓味的。"小瑜答应着，两个孩子很快就在游戏中找到了乐趣，开心地玩在一起。

户外活动结束后，老师们采访了小晨，询问他是如何交到朋友的，并由小晨的例子得出结论：交朋友重要的是要有勇气主动去结识新朋友，并在别人拒绝时能够尊重对方的决定。

看到小晨成功地交到了新朋友，我感到非常高兴。通过引导和示范，他学会了如何主动去交朋友。这是一个重要的技能，将对他的一生产生深远的影响。

在人际交往中，成年人所经历的"痛苦"往往与"被拒绝"的感受紧密相关。从进化心理学角度来看，对拒绝的恐惧是一种深植于我们本能的情感。因为古代社会中，被社群排斥的个人，生存机会渺茫。因此，当我们遭遇拒绝时，原始的情绪机制会让我们回忆起过去的痛苦经历，这种精神上的痛苦有时甚至比肉体上的痛苦更加强烈。心理学研究指出，频繁遭受拒绝不会使人逐渐麻木，反而可能转化为一种内在的负面态度，从而导致自我贬低。例如，我们可能会觉得自己无能，或在与他人交流时感到自卑，甚至在看到自己喜欢的人时，产生的第一个念头是对方可能不喜欢自己，将对方的拒绝归咎于自身的不足。"被拒创伤"直接冲击个体的自我价值和自尊感，引发对拒绝的极度恐惧，并从根本上质疑自己的价值及被爱的可能性，认为自己不值得被爱。

对于建立新的人际关系，有些人愿意主动与陌生人交友，而有些人则因害怕被拒绝、不知如何与陌生人交谈或担心尴尬而回避社交活动。至于孩子，他们的表达能力通常不如成人，因此在交友时，对该说什么、做什么会感到困惑。成人有时会责备孩子不愿主动和别人打招呼，但其实孩子可能是由于不知道如何恰当地打招呼而显得被动。

　　了解"交友五步骤"的概念后，父母可以创造机会让孩子结交朋友，如参加淘气堡、游乐场或家庭聚会等，通过为孩子提供交友的环境，鼓励和赞扬孩子在交友方面的努力，从而培养孩子的自信。如果孩子没有表现出交友的兴趣，更喜欢独自玩耍，家长不应强迫他们与人交往，而应给予孩子充足的成长空间。作为家长，我们要相信孩子在他们需要朋友的时候，可以使用这些交友的步骤，而不是强迫孩子使用。孩子的朋友不一定是同龄人，还可能是家长。我们可以与孩子进行平等的对话，分享秘密、情感和爱好，不仅仅是作为孩子的家长，更多时候是作为朋友。

　　朋友是一生的财富，每个人内心都渴望被关注和接近。交友并不难，它是一种可以通过练习而提高的技能。

孩子被嘲笑"笨"：
同理别人有方法，让孩子成为受欢迎的人

在幼儿园这个缩影般的小社会中，我们经常能目睹形形色色的有趣场景。例如，当一个孩子因为心爱之物遗失而泪流满面时，其他孩子因其哭泣而发笑，认为泪水是可笑的；当某个孩子愤怒时，旁边会有孩子不断地嘲笑、模仿，甚至大吵大闹；在面对一些复杂的创作任务时，气馁和挫败感可能笼罩着努力中的孩子，旁边或许还会有孩子嘲笑他们："你怎么这么笨，连这都不会？"……

每当我目睹这些场景，便开始深入思考：如何有效地引导孩子们学会换位思考，培养他们站在他人立场上考虑问题。这不仅有助于塑造他们的同理心，还能促进他们社交技能的发展，让他们学会尊重和理解他人的感受。

案例故事

一天放学后，齐齐迈着沉重的步伐回到家中，面露沮丧地向妈妈透露了一个令人难过的消息：他最好的朋友伊伊决定不再与他玩耍。面对妈妈的追问，齐齐转述了朋友的话："你总是无法理解我的意思，你始终不懂我。"齐齐的妈妈陷入了困惑之中，不知导致

这一局面的具体原因。

为了探明情况，她拨通了班级老师的电话进行询问。老师给齐齐妈妈反馈观察到的情况，比如，齐齐在未经允许的情况下拿走他人物品，或者在别人交谈时打断对方；再比如，当其他孩子们正沉浸在游戏的乐趣中时，他会突兀地介入，吐槽他们的玩法不佳。这些行为，无疑会让其他孩子们感受到不被尊重，逐渐与齐齐保持距离。

老师也意识到这可能正是一个培养孩子们同理心的关键时刻，于是决定重视，只要有契机就会引领齐齐学习同理别人的技巧。

同理心，指的就是共情的能力。它在人际交往过程中，是指能够体会他人的情绪和想法、理解他人的立场和感受，并站在他人的角度思考和处理问题。心理学研究发现，人从婴儿期就开始自然发展出同理心，2岁左右的幼儿开始意识到自己与他人的感受不同，在童年的后期孩子同理心发展到最高的水平。因此，儿童期是同理心发展的重要时期。

每逢周五，孩子们都会对于创意美术课翘首以待。今天，伊伊设计了一份引人注目的杰作。由于课堂上时间紧迫，她完成作品后，又精心准备了一些材料，计划晚上放学后带回家细心完成这一心意之作并送给妈妈。然而在她短暂离开前往卫生间的期间，回来时却发现部分材料不翼而飞。

伊伊急切地询问坐在旁边的齐齐："齐齐，你看到我的手工材料了吗？它们刚才还放在桌子上。"

齐齐回答说："我看到桌子上有很多废纸，以为是你不要的，就把它们扔进了垃圾桶。"

伊伊急切地解释道："那些不是废纸，它们是我给妈妈做礼物的材料，现在却被你扔掉了！"

面对齐齐未经允许擅自处理自己的物品，伊伊感到很气愤。她激动地把桌上剩余的材料扔到了地上，并说："齐齐，我讨厌你，我再也不想和你做朋友了。你总是这样，不要再和你坐在一起了。"

听到伊伊如此表达，齐齐瞬间泪崩，泣不成声。

解决方法

★同理心第一步：识别他人情绪

我缓缓走近伊伊和齐齐，蹲下身来安抚着仍未平息气愤的伊伊。然后，我转向仍在低声啜泣的齐齐，平静地轻拍着他的肩膀问道："你因为伊伊说不想再和你坐在一起而感到难过，是吗？"齐齐的哭声渐渐小了下来，他点了点头。"是的。""你很在乎伊伊这个朋友，也担心她不再和你成朋友。既然是这样，蓝天妈妈愿意与你分享如何成为一个受欢迎的孩子，让你的朋友更愿意亲近你而非疏远你。你愿意尝试吗？"听我这样说，齐齐立刻擦去了眼泪，急忙回答："我愿意。"从他的回答中，可以明显感受到他对伊伊这份友情的珍视。

我对齐齐说："首先，你必须明白一个原则：只要不是你的东西，哪怕像垃圾一样，你也要得到主人的允许才能处理。你刚才的行为出发点是好的，但你并没有意识到那些材料对伊伊而言有多么珍贵。现在想一想，下次你想要帮助别人时，你应该怎么做？"齐齐认真地回答说："我应该先问问伊伊。"我肯定道："很好，但现在事情已经发生，你试着体会一下：如果你精心准备的材料被误当作垃圾扔掉，你会有什么感受？如果你是伊伊，你会作何反应？"他沉思片刻，然后说："我会非常生气。"我点头表示认同："你开始能够理解伊伊的感受了，这种能力我们称之为'同理心'。"

运用同理心，首要步骤是感同身受地理解对方的情绪。引导孩子可以通过观察对方的行为和表情来识别他们的情绪状态，进而体会到他们当前的感受。这不仅是同理心的基础，也是其核心所在。通过反思自己的行为对他人产生的影响，可以更加清楚地认识到对方的情绪变化。这种自我反思的过程有助于儿童深刻理解并体会他人的感受，从而培养儿童的同理能力。

★同理心第二步：确认他人情绪

"那现在需要你来问问伊伊，是不是这样的感受，这样才能够更了解接下来我们该怎么做。蓝天妈妈给你示范，你来询问可以吗？"

齐齐很真诚地说："可以。"

我们一起转向伊伊，伊伊比起刚才已经平静了很多，我一句句示范："伊伊，刚才我把你精心准备的材料当成垃圾扔进了垃圾桶，你是不是很生气？"

伊伊气愤地说："我不想理你，我再也不想看见你，你走开。"

听到伊伊这样说，齐齐有点害怕，向后退缩了两步。

我拉着齐齐的手接着示范说："对不起，真的很抱歉，我知道我的行为让你太生气了。"

伊伊大声地说："不只是生气，我还很伤心，"说着语气有点哽咽，"因为那是我要送给妈妈的礼物。"

我继续示范："对不起，真的对不起，让你这么伤心和生气。那我现在能做点什么，你会舒服一些？"

通过示范教学，能够引领儿童学会与他人有效沟通。通过与对方交流来觉察对方的真实感受与情绪，学会去理解他人的感受。每个人都有自己独特的情感和想法，我们所感知到的未必能完全代表别人的真实体验。唯有通过积极的沟通交流，我们才能确切地把握对方的实际感受。

★同理心第三步：尝试不同方法

伊伊愤怒地表示："你应该赔偿我。"齐齐立刻奔向垃圾桶，将扔掉的材料捡了回来，询问伊伊这样是否可以。伊伊回应道："不行，已经丢进垃圾桶的，我要全新的。"齐齐提议："晚上放学我向妈妈要零花钱为你购买一些漂亮的纸，可以吗？"伊伊坚持："我现在就需要，晚上就要用它完成作品。"

齐齐陷入了困惑，求助地望着我。我示范性地询问伊伊："你需要一份完全相同的替代品吗？还是可以接受其他颜色，只要不妨碍你制作礼物就可以？"经过一番思考，伊伊回答："只要是色彩漂亮就行。"齐齐迅速提出："那我的蓝色纸给你，可以吗？或者我可以问问老师，能否再给我一张粉色的纸张？或许可以用我的蓝色纸与老师交换一张粉色的。"

见到齐齐如此真心诚意地寻找解决方案，伊伊终于松了口，指着从垃圾桶中捡回的纸张说："这个其实还挺干净的，我就用这个吧！"听闻此言，齐齐顿时喜出望外："谢谢你，伊伊。你还愿意和我做朋友吗？"

伊伊告诫道："这要看你以后的表现，你以后必须得到我的允许才可以拿我的东西。"齐齐点头如捣蒜，表示理解并接受了这一条件。

站在他人的角度，为他人着想，并在遇到问题时积极寻求解决方案，对自己的所作所为真诚地负责，并让对方感受到支持与关怀，这些都是同理心的表现。具备同理心的个体往往更容易受到他人的喜爱和欢迎。

★同理心第四步：付出实际行动

美术课结束后，恰逢休息时间，孩子们都去饮水和享用水果。为了教导齐齐如何为友谊积累好印象，并为自己的过失表达歉意，我引导他给伊伊接了一杯水，并将香蕉与橘子精心剥好，送给伊伊。通过这些充满关爱的行动，齐齐为自己之前的行为承担了责任。他们两人边说边笑，愉快地玩耍起来，重拾了那份美好与宁静。

随着时间的推移，齐齐的朋友们开始注意到他的改变。他们开始重新接纳他，邀请他参加游戏和活动。齐齐也更加珍惜这段友谊，他知道这是他努力的结果。

最终，齐齐不仅重拾了失去的友谊，还成为一个善于体贴和关爱他人的人。他学会了尊重他人的感受，站在别人的角度思考问题。这个成长过程不仅让齐齐受益匪浅，也让班级的孩子们感受到了真正的友谊和温暖。

同理心是建立良好人际关系的关键。因此，我们应该把培养孩子的同理心作为我们教育的重要目标，帮助他们成为有社会责任感和良好人际关系的人。

孩子被打了：
遇到冲突不用怕，培养孩子掌握沟通技巧

随着孩子认知水平的提升和自我意识的不断增强，他们与同伴间的互动也日益频繁。在儿童社会交往的过程中，冲突的发生是不可避免的。成人面对孩子的冲突时，往往更多地考虑如何避免冲突的发生，或是如何保护孩子不受伤害。然而，在这个过程中，我们可能忽视了一个至关重要的环节：如何培养孩子处理和化解冲突的能力。当孩子掌握了解决冲突的能力，他们将能够建立更加和谐融洽的同伴关系，同时也有利于培养孩子更为乐观、自信的性格。

那么，如何赋予儿童面对冲突的勇气，使他们拥有解决冲突的能力呢？成人在面对儿童冲突时，应该抓住机会给予正确的引导和示范，而不是仅仅充当裁判的角色，简单地判断谁对谁错，最后以道歉结束。这样的做法并不能真正帮助孩子学会解决冲突，类似的事件再次发生时，孩子依然束手无策。接下来，让我们一起看看彤彤的故事。

● 案例故事

在户外活动中，小宇巧妙地将各种器械组合在一起，创造出一个独特且很受大家欢迎的游乐场区域。为了维持秩序并限制进入人数，小宇制定了一套会员机制，并设置了服务员来维持现场秩序。每位会员需要凭借一个小套圈才能入场。参与其中的小朋友们都非常明白游戏规则，他们在游乐场里尽情玩耍，笑声此起彼伏。

就在这时，笑声吸引了彤彤的注意。他在游乐场外面徘徊了一会儿，然后直接走进了游乐场区域。然而，他被扮演服务员的翔翔挡住了去路。翔翔告诉他："只有会员才可以进入，你不可以进去。"我看到了被拒绝的彤彤浑身僵硬，双手握拳站在原地，显然是非常生气和失望。

这时，小尹老师走到了彤彤的身边，询问他发生了什么事情。彤彤大声地说："我想进去玩，但他们都不让我进。"小尹老师温柔地建议他："你可以向他们表达你的需求，问问他们。"彤彤突然哭了起来，边哭边说："我问他们肯定也不会让我进去。"小尹老师鼓励他："你还没问，怎么会知道大家不让你进呢？"彤彤哽咽着说："还不是因为我从前……"小尹老师敏锐地捕捉到了这个教育的契机，于是她接着问："你从前怎么了？"彤彤低声回答："我从前老打他……"

根据开学这两个月的观察，我们发现彤彤在与小朋友相处的过程中，无法控制自己的行为，频繁出现一些粗鲁的举动，导致大多数小朋友不愿意和他一起游戏。小朋友们经常抱怨："他总是打我，我不想和他玩。"

尽管作为 5 岁的孩子，彤彤明白不可以打人的道理，但是从知道到做到，可能需要他经历不受欢迎和遭遇拒绝的情感体验，才能真正有所调整和改变。而这次冲突的发生，恰好为我们提供了一个非常好的教育契机，因此小尹老师敏锐地抓住了这个机会。

★ 平复情绪，注入力量

小尹老师真诚地牵着彤彤的手，蹲下身来，温柔地说："彤彤，你意识到你从前的行为可能会让大家拒绝与你一起游戏，对吗？"彤彤低着头，轻声回答："是的。"小尹老师鼓励道："彤彤，我真的很欣赏你。通过这件事情，你能敏锐地觉察到大家拒绝你加入游戏，可能是因为你之前的行为。我看到了你今天的进步。当翔翔拒绝你的时候，你停下来并没有做出粗鲁的行为，所以你今天做到了没有伤害别人，这就是非常大的进步。"听到小尹老师这样说，彤彤的眼神里闪过一丝光亮。

小尹老师继续表达着理解和支持："当小朋友们拒绝和你一起玩时，我感受到你非常难过，有点低落。那小尹老师可以抱抱你吗？我们先缓解一下情绪。"彤彤的身体微微倾向了小尹老师，小尹老师紧紧抱着彤彤，给予他力量和安慰。

当孩子不知道如何恰当解决冲突时，他们的行动往往先于语言，如抢夺、打人等。这些行为不仅无法解决问题，还可能对冲突的双方都造成伤害，非常不利于儿童社会交往能力的发展。彤彤已经感受到自己的行为给自己带来的人际交往阻碍。此时，老师的协助和呵护保护了孩子的自尊，让孩子有力量面对自己的挫败感。

★引领示范，直面冲突

彤彤的情绪平复了一些，小尹老师接着说："其实，这段时间我观察到你一直在调整自己，很努力地控制自己的行为。我相信小朋友们也能感受到你的努力和变化。要不这样，小尹老师带着你一起尝试着问问小朋友们，看他们是否同意你加入。哪怕不同意，我们也可以询问不同意的原因。我们可以通过沟通达成一致，至少我们为自己争取了机会，你觉得呢？"

彤彤含着眼泪点了点头。在这个过程中，翔翔一直站在旁边，对于整个事情的经过非常清楚。他建议道："彤彤，你应该去问问小宇，这个游戏是小宇发起的。如果他同意，你就可以加入。如果他不同意，你也要接受他的拒绝。"

小尹老师看着翔翔，对他点了点头，表示非常赞同。这时，在远处的小宇也走了过来。

小尹老师鼓励彤彤说："彤彤，你问问小宇，是否同意你加入游戏，好吗？"

彤彤身体向后倾斜着，小声地问："小宇，我能加入你们的游戏吗？"

小宇非常爽快地回答："可以呀！你需要购买一个会员。"彤彤好奇地问："怎么买？"小宇解释说："你拿一个树叶代替钱买一个套圈就可以。"彤彤听完后，转身迅速跑开捡起一片树叶，跑回来递给小宇说："这个可以吗？"小宇接过树叶，给彤彤发了一个小套圈。

这时，翔翔说了一句："我们非常欢迎你的加入。"彤彤瞬间笑了，就这样愉快地加入了大家的游戏。

解决冲突时首先要缓解情绪，不是让孩子一味地忍让也不是攻击或者伤害他人，而是双方想出一个让大家都满意的建议，达到双赢才是解决冲突的最终目的。

★ 欣赏进步，强化品质

回到班级后，小尹老师针对这件事进行了团体讨论。小尹老师把目光停留在彤彤身上，说："户外活动时，彤彤因为自己以前的行为担心小朋友不接受他，所以感到非常伤心难过。但是，他鼓起勇气尝试面对冲突，主动去沟通询问游戏发起者他是否可以加入，以及用什么样的方式可以加入。结果，小宇同意了，而且还非常欢迎他的加入。这段时间，我观察到彤彤非常努力地调整自己。那么，小朋友们，大家有没有感受到彤彤的改变呢？"所有的小朋友异口同声地说感受到了，他们说："他不再打我们了，而是学会了和我们沟通，所以我们非常愿意接受和欢迎彤彤和我们一起游戏。"

彤彤看到大家热情地欣赏自己的进步，小脸瞬间红了，还有些不好意思。这时，翔翔对着彤彤说："我们不喜欢的是你的行为，不是不喜欢你这个人。你改变了你的行为，我们都喜欢你。"彤彤真诚地点头，能够深刻感受到他内心的爱被这帮同学唤醒，又被老师的语言所滋养。这个孩子的真善美就在此时完全彰显在他的小脸上，一个美好的生命就在此刻展现出来。

在孩子成长的过程中，只有他们亲身经历过，才能真正理解其中的道理，从而发自内心地去觉察并调整自己的行为。通过这件事情的发生，这份美好即将在孩子的世界中开花结果。而作为成人，我们所需要做的就是给予孩子足够的时间和爱，让他们自己去经历，去自我发现、自我总结、自我调整。相信孩子，静待花开！

第六章

学习全靠催，
一点都不主动，
怎么办？

——如何点燃孩子的内驱力

在孩子的成长之路上，一个普遍而关键的问题常常出现：对学习缺乏内在动力。似乎只有外界的催促才能驱使他们勉强完成学习任务。面对这样的挑战，许多父母和教育者感到困惑与无助。然而，这种情况恰恰提供了一个绝佳的教育契机：通过恰当的方法，我们可以点燃孩子的内驱力，使他们从内心深处热爱学习，并因此受益终身。

内驱力，是孩子持续学习和探索世界的内在动力。它不仅影响孩子的学习成效，更关系到他们未来的自我成长。一旦孩子具备了内在的学习动力，他们就会更加主动、积极地去探索未知、克服困难，这对他们的整体发展至关重要。

亲子关系在激发孩子内驱力的过程中扮演着重要角色，父母的言行直接影响孩子对学习的态度。通过建立一个温馨支持的家庭环境，父母可以让孩子感受到安全和被接纳，从而更愿意尝试新事物和挑战。同时，父母应该通过共读、游戏和讨论等方式，与孩子一起参与学习过程，这不仅能够增进亲子关系，更能够激发孩子的学习兴趣。

在实践这些策略的过程中，重要的是保持耐心，并且相信每个孩子都有无限的可能性。当我们用心去观察和支持孩子的兴趣和需求时，我们就能在孩子的内心点燃那抹不可熄灭的星火——对知识的热爱和对探索的渴望。

怎么让孩子知道学习是自己的事情：
激发孩子的内驱力

在孩子的成长道路上，学习不仅仅是一种获取知识的手段，更是一种自我成长和探索世界的方式。尤其是在 7 岁之前，孩子们的好奇心旺盛，他们对世界的探索欲望强烈，这是培养自主学习能力的黄金时期。然而，面对家庭作业这一新的挑战，许多孩子显得无所适从，甚至产生抗拒心理。这不仅让家长们感到焦虑，更对孩子未来的学习生活埋下了隐患。那么，如何让孩子认识到学习是自己的事情，并激发他们的内驱力呢？

◎ 案例故事

希希是一名五岁半的小女孩，刚刚进入幼小衔接班。一天晚上放学后，需要写两行的数字 2。妈妈看到群里已经有小朋友交了作业，老师开始在群里欣赏那些能够主动完成作业的小朋友，而希希却不在乎，就是想要看电视，就是不写。妈妈向希希承诺写完可以让她多看两集电视剧，写完给她买好吃的或者买玩具，用尽各种办法，但希希就是不写。

实在没办法，妈妈强制性关掉电视，逼着希希必须写。结果希希写了一个数字却是倒着写的，妈妈让她擦掉重写，希希就开始发脾气，扔铅笔。妈妈又护着她的手写，但她怎么都写不好，不停地擦了写，写了擦，两行的数字写了一个多小时。希希崩溃地说："我再也不要给你写作业了！"妈妈气得说："这是你的作业，不是给我写的！"希希固执地说："我的我就不要写！垃圾作业，屁作业，我就不写！"妈妈感到非常焦虑，孩子为什么这么排斥写作业？这样上了小学可怎么办呢？

对于刚刚进入幼小衔接班的孩子来说，家庭作业是一个全新的概念。在此之前，他们的"学习"大多是通过游戏和日常生活进行的，而现在要面对规定时间内完成的任务，这种转变让他们感到不适应。此外，如果家长过度催促，甚至利用各种方法诱惑孩子写，可能会让孩子感受到压力，从而产生逆反心理。有些家长可会特别苦恼，别人家的孩子那么自律，自己家的孩子学习为什么全靠催？这其实跟孩子的内在动力有关。

在美国心理学家德西和瑞安的自我决定论指出，所有人包括孩子，都有三个基本心理需求，即归属感、自主感和胜任感。孩子的内在动力与这三个要素紧密相关。

妈妈反馈后的第二天，我决定进入班级观察希希。到了幼小衔接班，孩子们操作的作业单都会配有相应的教具单页。选择这样的工作就需要研究教具单页与作业之间的关系，并自主自发地完成作业单，从而让孩子们产生成就感，理解知识的产生与意义。然而，我观察到希希选择在阅读区域看书。老师告诉我："这段时间希希不愿意尝试探索新的领域，可能只有单独陪伴，或者必须要求完成一个新的作业单页，她没办法拒绝才可能去探索，好像也只是为了走流程似的完成任务。"

解决方法

★正面语言：给予孩子归属感

我轻轻地走到希希身边，我问道："我可以和你一起看书吗？"希希正坐在小沙发上，她微微挪动身体，为我让出了空间。我坐下说："谢谢你，希希！"

我继续询问："你愿意和我分享书中的内容吗？"希希翻开书的封面，开始介绍标题，并逐页讲解书中的内容。她不仅讲述，还伴随动作表达，将书中人物的情绪生动地展现出来。她的讲述充满神采，我听得津津有味。当她说："好啦，讲完啦！"我才意识到自己已被这个小女孩讲的故事深深吸引。

我从故事的世界里回过神来，对希希说："你知道吗？刚才你讲故事的方式让我着迷。你的表情、动作以及每个情节的描述都深深吸引了我。你是怎么做到的？怎么能讲得这么好？你都认识这么多字吗？"

希希自豪地回答："因为我看过很多遍了，我都记住了里面的内容。"

我故作惊讶地说："原来你是通过反复阅读和练习才能讲得这么好，对吗？"

希希点头确认。我继续说道："很高兴你能与蓝天妈妈分享你讲故事的秘诀。我也将向你学习，因为你努力的结果是显而易见的。"

在生活中，当我们需要与孩子沟通一件重要的事情之前，首先要与孩子建立起信任的关系，并多使用正面语言。正面语言会让孩子感受到自己是被接纳和包容的。他的归属感被充分满足，他就会真正将自己融入环境中，努力把自己调整到最好的状态。

由于是自选工作的时间，希希选择了看书，而没有选择操作教具。这时，我愿意与她讨论书中的内容，去感受她的感受。这样能让孩子觉得自己被理解和接纳，从而更愿意敞开心扉。通过孩子的分享，我们给予孩子认可与力量，让孩子更有底气面对自己遇到的问题。

★启发式提问：赋予孩子自主感

看着希希此时的自豪，我试探性地切入正题："希希，现在是自主选择教具工作的时间，你怎么没去选择呢？是遇到什么困难了吗？"听我这样说，希希脸上的自豪感有所减退，她低下头说："我不想做作业单。""哦！你不是不想探索新的教具，只是不想完成作业单对吗？"希希点点头。我继续问道："那是因为你觉得作业单难以理解，还是担心自己不会做？是什么原因让你不想做作业单？"希希想了想说："我不会写字。"我轻轻拍了拍她的肩膀说："原来希希现在遇到的困难是'不会写字'，这让你对新的教具和作业单产生了抵触情绪，是这样吗？"希希似乎终于被理解了，松了一口气说："是的。"

"不会是因为我们没做，一旦我们开始尝试做了，慢慢地就会了。就像你讲故事一样，虽然蓝天妈妈做不到，但你告诉我讲故事的秘诀就是多看多练。我想这个秘诀在任何领域都是适用的。如果你在写字上也用这个秘诀，也许不久你的字也会像你的故事一样吸引人。"希希的眼睛亮了起来，她立即看向教具。我说："我们一起试试吧，我会陪着你的！"

希希选择了一套汉字砂字板描写的工作。我问她："你确定一开始就选择这个有难度的工作吗？"希希自信地说："我想挑战一下。"

我点点头说："可以，我相信只要你准备好了尝试，即使有难度，也能找到其中的乐趣！"

一般情况下，存在着两种类型的孩子：一种是主动学习型，另一种是被动学习型。而父母与孩子沟通的方式也可分为两种类型：一种是命令式，另一种是启发式。那些经常以命令式与孩子沟通的家长，其孩子要么变得胆怯听话但缺乏主见，要么变得叛逆并与父母对抗，这样的孩子很难形成自主感。

通过启发式提问，孩子会意识到不会写字是自己面临的问题，从而激发他们去寻找解决问题的办法。当孩子认为事情是由自己决定的，他们会更有责任感，也更愿意付出努力。如果孩子觉得事情不是由自己决定而是由他人安排或命令的，那么他们就很难将这件事情当作自己的事情去用心处理，自然也就难以做好。只有当孩子觉得自己有自主权，可以自己做决定时，他们才会对这件事情承担责任，并展现出主动性。

★激励式练习：强化孩子胜任感

希希取出"口""个""大"3个汉字进行砂字板描写。当她试图用笔在沙盘上描写时，发现有些困难，也可能是因为之前写作业的经历不太愉快，这时她有点想放弃。我意识到这一点，便引导希希说："希希，一下子写完可能会有难度，你可以试试一笔一笔地描，一笔一笔地写。"我边说边给希希做示范，她跟着我专注地一笔一画地描写。虽然笔画基本正确，但组成的汉字有些歪歪扭扭。我仍然鼓励她："看，你第一次尝试就能做到这样已经很棒了。所以，不会是因为你没做，做了就会了。"希希却说："可是好丑。"我立刻说："丑是因为我们练习得少，多练习就不丑了，我们可以继续练习。"希希便开始专注地练习，而我默默地离开了。

大约20分钟后，希希兴奋地拿着作业单过来说："蓝天妈妈，看！我已经会在纸上写字了，这是我写的作业单。"她的脸上洋溢着喜悦的微笑。

我接过作业单，高兴地说："希希，谢谢你与蓝天妈妈分享你的喜悦。看到你的突破，我也感到非常开心。你看，这就是你通过努力和不断练习，从不会到会的过程。真的要为你点赞！你的这份经历值得与更多小朋友分享，你愿意吗？"

希希自信地说："我愿意。我开始觉得自己不会，但只要我尝试，慢慢地我就会了。后来我就不用再看着砂字板上的汉字就能直接写在作业单上了。"

我故意大声地与老师分享这个好消息，并让希希与小朋友们分享自己的喜悦。这一天，希希终于不再害怕尝试写作业了。

当孩子遇到困难和挫折时，成人的信任和鼓励能让他们感受到支持。通过正面语言表达出的接纳和信任，通过在日常生活中不断积累，孩子的归属感会逐渐增强。同时，胜任感会让孩子对自己的能力和优势充满成就感，从而不会轻易放弃，还会不断自我提升。

当孩子觉得自己能力不足时，我们需要做的是帮助他们逐步找回信心。我们可以帮助孩子分解目标，引导他们进行刻意练习。最后，无论结果如何，都要给予孩子适当的激励，增加他们的美好体验。及时的鼓励和肯定，会让孩子逐渐觉得自己能行，可以做得很好。但需要注意的是，不要让这种外部激励成为主导。孩子努力达成目标不是为了获得这些激励，而是将这些激励视为完成目标的小小仪式感和美好体验。

如果一个孩子具备了归属感、自主感和胜任感，这意味着我们帮助孩子找到了内心的兴趣和意愿。这样的孩子对自己的学习和生活将迸发出强大的内驱力。一个有内驱力的孩子能从被动学习转变为主动迎接学习的挑战。

稍微难一点就抵触：
找到学习目标，建构孩子学习的主动性

幼儿园大班的孩子正处在幼小衔接阶段，无论是家长、老师，都对孩子的学习抱有了一定的期望和要求。孩子们如同刚刚萌芽的种子，充满了无限的可能性和潜力。然而，当学习任务稍微艰难一些时，这些小种子便可能遭遇成长的挫折。对于学龄前的孩子而言，过于艰难或大量的学习任务确实可能引发抵触情绪。

◉ 案例故事

周末，浩浩的父母决定开始让浩浩按计划完成一些任务，让他学会合理安排自己的时间。于是，他们为浩浩安排了一个井然有序的计划：上午9点到10点学习一些数学类的知识或者游戏，10点到10点半学习一些英语的练习，然后是短暂的休息时间。吃完午饭，睡好午觉后，接下来是阅读和绘画的时间。

浩浩在开始时表现得很配合，但很快就开始显得不耐烦。当父母要求他继续按照计划学习时，浩浩开始反抗，他不想继续学习，想要出去玩耍。

父母告诉他："如果你不按计划来，就养不成好的学习习惯，

上小学后学习内容增多，作业量也多，到时候你会很有压力的。"

然而，浩浩并不在乎这些威胁，他大声喊道："我不想学了！我讨厌这个计划！我再不要学习这些东西。"

在孩子眼中，那些由父母制定的目标似乎是用来管制和约束自己的。只有当目标是孩子自己制定的，他们才会有意愿去努力并且修正自己的行为，孩子们更愿意执行他们按照自己的意愿决定的事情。

 解决方法

★ 自主感——目标难度适当

为了帮助浩浩的父母，我决定与他们一起制定目标并协助执行。

在一个合适的时间，我让爸爸与浩浩进行了以下对话：

爸爸："浩浩，再有两个月，你就要成为一名小学生了。小学生意味着你要探索更大的世界，学习更多的本领，获得更多的能力。你是否愿意提前养成一些学习的好习惯，这样可以帮助你更好地探索更大的世界？"

浩浩表现出抵触情绪："什么好习惯？我不要学英语！"之前的计划可能让浩浩感觉到了压力。

爸爸真诚地说："浩浩，很抱歉，当时爸爸妈妈太着急了，想让你养成习惯却没有经过你的允许就制订了让你感觉有压力的计划。所以今天爸爸妈妈就是要让你自己做决定的。我们可以慢慢来，

按照目标完成每天要做的事情。这样时间长了，你会养成习惯，同时会让你有成就感，变得更加自信独立。"

浩浩听了爸爸真诚的表达后表示同意。爸爸继续问道："你觉得现在哪些方面的学习比较困难？你希望在哪些方面取得进步？"

浩浩回答："拼音我学不会，英语我也学不会。"

爸爸继续道："那根据你自己的想法，我们可以一起制定一个既有挑战性又能让你感到兴奋的目标怎么样？为了不让你感受到压力，我们可以先选择一个你觉得稍微有些困难的问题。这样应该是你觉得'跳一跳够得着'的，既不会太容易也不会太难。你觉得可以吗？"

听爸爸这样一说，浩浩开心地说："那就先挑战拼音吧！我先把拼音学会。"

爸爸开心地说："好的，那你先学声母还是韵母？"浩浩说："声母吧！"

爸爸边拿纸张画着目标清单边说："好，学会23个声母是你这个月的学习目标。那你准备每天学习几个声母？准备多少天把23个声母学完？"爸爸用启发式的方式不断地引导浩浩自己主动积极地制订计划。

浩浩说："我每天学习两个。"爸爸继续问："那几天可以学完23个呢？"浩浩很认真仔细地两个两个地计算着，发现12天就可以学完。"浩浩看着计划表，还没开始执行就露出了喜悦的笑容。

爸爸引导浩浩把计划表画了一些装饰贴在墙上，这样可以每天看着自己的目标按计划一点点地完成。

目标制定完成后，爸爸说："我和妈妈会一直在你身边支持你，相信你能够实现你的这个目标。如果你遇到困难，我们会一起帮你找到解决问题的方法，儿子加油！"

浩浩开心地说："奥利给！"

在确立学习目标的过程中，必须明确这些目标是孩子自己制定的，并且在确定之后需要由孩子来具体实施。因此，在制定目标时，重要的是倾听孩子的想法，了解他们内心的努力方向。通过启发孩子自主确立目标，我们可以有效地激发他们学习的自觉性和主动性。

如果设定的目标难度远低于孩子的当前水平，孩子可能会感觉到缺乏挑战性，即使完成了目标，也不会有太多的成就感。相反，如果目标的难度远远超出孩子的能力范围，可能会出现尽管目标已经制定，但孩子无法完成的情况，这会打击孩子的积极性。因此，帮助孩子制定"跳一跳够得着"的目标，可以使目标更容易被执行和达成。

★ 成就感——关键成果可视化

第二天，浩浩放学一进门就迫不及待地跑到计划表旁边，仔细观察着今天自己要完成的两个声母。他开始在旁边的黑板上认真地写和读，偶尔还问妈妈："这个'b'是不是菠萝的'b'？"他按照自己的方式非常专注地学习。不一会儿，他自信地说："妈妈，我已经学会了。"

为了让浩浩感受到成就感，妈妈提出了一个建议："浩浩，你看，今天你通过自己的努力按照计划完成了学习目标。为了让你看到自己的进步和努力，你可以把每天学会的声母写在漂亮的小纸条上。每学会一个，就把小纸条叠成个幸运星丢进这个透明的玻璃罐子里，这样你每天都可以看到自己努力的结果，让自己更加有动力。"

听完妈妈的建议，浩浩非常开心，他认真地写着，并在妈妈的协助下完成了第一颗幸运星。浩浩抱着玻璃瓶恋恋不舍，感觉自己很厉害的样子，自豪地说："这也太简单了，两个我一会儿就学会了。我要每天学 5 个。"

每当孩子达成一个目标，他们都会体验到成就感。如果我们能够将这些达成的目标，也就是关键成果，变得可见，孩子在这种可视化的微小成就感面前将更能得到激励。随着这种成功体验的积累，孩子的自信心将逐渐增强，他们的潜能也会被激发，执行任务时就会有源源不断的动力。

★及时复盘——适时修正目标

在执行学习计划的过程中，浩浩最初发现任务比他预期的简单。每天只学两个声母对他来说似乎缺乏挑战性，因此他决定增加难度，改为每天学习 5 个声母。然而，仅仅几天后，新鲜感逐渐消失，他开始感到无聊和不满足，不再想坚持下去，情绪也开始变得低落。

爸爸及时注意到了这一变化，并带着浩浩进行了复盘，询问他遇到的困难和阻碍是什么，以及为什么不想坚持了。浩浩坦白地说："我不想做了，觉得每天都是这样重复，好无聊，我想去玩。"

爸爸意识到浩浩进入了一个瓶颈期，于是提出一个建议："我们来变个花样如何？我们可以把拼音设计成闯关游戏或者有故事情节的活动，这样既能满足你达成目标，还可以满足你玩的想法，你觉得怎么样可以不无聊还好玩呢？"

浩浩思考了一下，兴奋地说："我想要把它们变成我的兵，我是王国的国王，它们是我的士兵。"爸爸立刻表示赞同："这个主意太棒了！你不仅学会了拼音，还编出了一个童话剧。"听爸爸这么说，浩浩变得更加兴奋，迫不及待地开始忙碌起来，摆弄他的拼音小兵。

目标并非一成不变，在执行过程中，肯定会遇到各种困难，此时就需要成人协助孩子一起修正目标。

★仪式感——及时鼓励孩子

在9天的时间里，浩浩成功地完成了23个声母的学习。尽管在这个过程中遇到了各种大大小小的问题，但在爸爸妈妈的引导下，他们不断复盘、修正，最终成功地完成了学习目标。为了鼓励浩浩，爸爸妈妈特意制作了一个小蛋糕来庆祝他完成第一个学习目标，一家人其乐融融地享受着努力的成果。

孩子毕竟是孩子，期望一个孩子完全自觉遵守约定是不现实的。因此，一旦发现孩子在行动上有懈怠，父母及时进行复盘并用"仪式感"来鼓励孩子是非常重要的。仪式感会让孩子更加热爱学习。这种仪式感应该是孩子喜欢的方式或者是意外的惊喜。

人生没有目标就像船失去了舵，帮助孩子建立学习目标才能清除孩子不爱学习、不主动学习的真正病灶。通过目标学习法，我们可以协助孩子确立切实可行的目标，并在目标达成的过程中给予孩子及时的鼓励，支持孩子完成目标。对于孩子而言，学习将变成一件充满成就感和愉悦感的事情。当孩子有了明确的目标，也就解决了孩子缺乏主动学习的最底层原因。

允许孩子有效犯错：
错误是孩子学习的机会

犯错误在孩子成长的过程中真的是太常见了，那么在孩子犯错误的时候讲道理、指责、批评甚至打骂，从表面上看被这样管教的孩子，确实有可能会越来越少地犯错误，成人也会为自己的孩子很乖感到庆幸，但这样的乖却会让孩子付出很巨大的代价，比如：不敢尝试，不敢创新。

既然犯错是不可避免的，那我们如何帮助孩子从错误当中去学习，让孩子有效犯错呢？接下来，我们一起看看琪琪的故事。

🔵 案例故事

琪琪是我们幼儿园毕业的孩子，现在上二年级。她的妈妈是一位高中语文老师，教育孩子时非常讲究方法。然而有一次她对我说："我快要被孩子气坏了。"有一天，在班级群里，老师单独和她说："琪琪总是犯一些简单的错误，家长一定要加强对孩子的辅导。"这让她感到非常尴尬。等孩子回家后，她赶紧打开孩子的作业本，发现前一天听写错误的那几个字，琪琪又写错了。

琪琪妈妈敲着作业本对琪琪说："你不会写，我不怪你。但是你态度不好，马马虎虎地应对，我是不能接受的。"琪琪被妈妈这样一说，把头垂得很低，小手不停地扯着衣服。她可能觉得孩子应该已经意识到问题所在了吧！

但是过了一会儿，当她再次听写孩子那几个错误的汉字时，孩子仍然写错了。这个时候妈妈感到非常崩溃，实在不理解为什么，于是给我打了电话。

孩子反复写错同一个字，常被误解为学习态度问题。然而，这实际上是成人对错误容忍度低的反映，源于自身成长时不被允许犯错的经历。对孩子来说，犯错是成长必经的过程，如反复写错字仅显示对汉字掌握不熟，与态度或细心无直接关系。成人的过度责备可能造成孩子对错误的恐惧，破坏孩子的学习主动性。害怕犯错的孩子可能逐渐放弃接受新事物，导致学习能力下降。

作为父母，我们肯定不愿意不断地指责或者惩罚孩子，只是有时候我们不知道，除了通过惩罚孩子让他长记性，还有什么办法可以帮孩子不再犯同样的错误。

解决方法

★ 平静面对，解决问题

妈妈平静地与琪琪沟通说："琪琪，妈妈发现这几个字你已经写错了 3 次，这说明你对这几个字还没有完全掌握。那我们一起来讨论一下，关于这几个错别字，你有没有想到更好的办法来掌握它们呢？"

琪琪回答说："我可以多抄写几遍。"

妈妈问道："你想的办法是多练习几次，让你对它们更熟悉，是吗？"

父母面对孩子的错误时，态度非常重要。如果成人过于担忧孩子犯错，只要孩子写错一道题或一个字就罚他们抄写十遍，这实际上是一种无目的的练习。因为在进行这种练习时，孩子并没有思考自己哪里做得不对，以及如何改正错误。抄写完毕后，孩子可能只会想："哇，终于写完了，可以向爸爸妈妈交差了。"然而，他的错误并没有得到真正的改正，孩子的学习水平实际上还停留在原点。这样的重复练习越多，浪费的时间越多，有时甚至会破坏孩子对学习的兴趣。因此，学习对孩子而言将逐渐变得毫无乐趣可言。

面对孩子犯错时，我们成人应该控制自己的情绪，平静地与孩子沟通，引导孩子主动思考如何解决问题，而不是对孩子发泄情绪。

★ 制定目标，刻意练习

琪琪点点头，妈妈继续说："这是一个不错的办法。如果我们设定一个小目标，比如从头到尾写一遍，不犯任何错误，这样有目的地进行刻意练习，效率可能会更高。你想试试吗？"

琪琪听了妈妈的建议，很专注地练习听写中错误的四个汉字。然而，还是有两个字写错了，琪琪的情绪立刻变得低落。

这里提到的刻意练习是一种有目的的练习，它有特定的目标，旨在针对出现错误的原因进行练习。这样的练习可以帮助孩子有意识地专注于问题，并进行主动思考。

★积极反馈，正向循环

妈妈看到琪琪的情绪低落，立即给予积极正向的反馈："琪琪，你看，使用这个方法后你已经取得了很大的进步。你已经掌握了两个字，现在还有两个字没有掌握。我们一起看看哪些环节出了问题，下次练习时要特别注意哪个部分。"

琪琪听到妈妈的反馈后，马上从低落的情绪中走出来，仔细观察出错的字，专注地思考和对比哪些笔画写错了，哪部分结构没有掌握。解决一个又一个出错的小问题后，琪琪兴致勃勃地说："妈妈，你再帮助我听写一遍，我应该已经掌握了。"

妈妈看到琪琪积极主动的样子，心里非常欣慰，用欣赏的态度陪伴孩子继续练习。结果发现还有一个字没有掌握。这一次，琪琪自己主动去观察对比，找到自己出错的地方进行改正和练习。经过有目的的刻意练习和妈妈每次的正向反馈，琪琪完全掌握了错别字的正确写法，露出了喜悦的笑容。

及时的总结回顾会让孩子了解练习的效果如何、是否需要做出一些调整，以及还有哪些地方可以改进。我们需要引导孩子一起进入练习、反馈、改进的循环中，才能够不断地提高孩子的学习能力。

★有效错误，成长机会

作业完成后，妈妈把琪琪抱在怀里说："之前你遇到困难和错误的时候，妈妈更多的是指责和埋怨你，从来不知道如何帮助你。

今天，妈妈学会了和你一起面对错误，我发现从错误中我们都有成长。妈妈看到了你学会了对比、分析自己的错误，并且面对错误时立刻思考怎么解决。这是妈妈以前在你身上没有看到的品质。谢谢你，女儿，是你让妈妈成长了。"

琪琪听完妈妈的表达，高兴地说："妈妈，我也不怕写错了。以前我很害怕写错字，但是越害怕越容易出错。今天我不怕了，即使写错，我也会找到错误的原因进行练习，自然就会了。"妈妈听琪琪总结出核心点，非常欣慰。

当我们遇到错误，能够专注于解决问题，并在家庭中营造这样的氛围时，孩子的思维方式也会发生非常积极的改变。犯错误后，他不再试图隐瞒，而是会主动与家长一起从错误中学习，并且能够积极地寻找避免犯同样错误的方法。

当我们改变自己对错误的看法后，我们的孩子就能将错误视为宝贵的学习机会，就可能成长为一个有勇气面对新挑战的孩子。

为什么越陪越差:
好的关系才是一切的根本

————————

我们常说:不写作业时母慈子孝,一写作业便鸡飞狗跳。几乎所有父母都会陪伴孩子写作业,之所以写作业时会让家中鸡飞狗跳,是因为许多父母并不懂得如何正确地陪伴孩子写作业。很多父母与其说是陪伴孩子写作业,不如说是介入并操控了孩子完成作业的全过程。

美国儿童心理学家、教育家鲁道夫·德雷克斯在《孩子,挑战》这本书中说:"永远也不要替孩子去做他力所能及的事情,写作业就是其中之一。如果家长承担了孩子写作业的大部分责任,孩子定会觉得学习不是自己的事情,而是爸爸妈妈的事情,自己只不过是来替爸爸妈妈实现他们的人生理想。"

陪写作业可以说是很多家长的痛点,家长放下手中所有事情,全心全意地陪孩子写作业,却常常被气得怒火中烧。如果陪伴方法不对,甚至可能越陪越差,对孩子自主性的建立也有非常大的破坏性。一起来学习如何做才能把作业的责任还给孩子。

● 案例故事

晚上7点，贝贝妈妈正焦急地指着时钟，提醒贝贝只剩5分钟，要他立即关掉电视，开始做家庭作业。在贝贝专注于电视节目的这段时间，贝贝妈妈走进书房，打开贝贝的书包，一份份地整理出各科的作业文件，一切准备就绪后，她把贝贝叫进书房，详细说明了今晚的任务清单。

贝贝皱眉，一脸不满地抱怨道："这也太多了吧，根本就写不完。"尽管妈妈试图说服贝贝，但贝贝仍然表现出强烈的抗拒。

最终，妈妈失去了耐心，生气地说："你要是不写，我就不管你了。明天去学校如果被老师批评，我也不会管。"孩子嘟囔着反击："不管就不管，那我看电视去。"说着，孩子转身回了客厅。

当然，贝贝妈妈怎么可能真的不管呢？她气愤地从书房追到客厅，果断地关掉电视，严厉地对贝贝说："作业是谁的事情？你给我赶紧到书房来写。"

在书房里，面对依然抗拒的贝贝，妈妈实在忍不住发了脾气。贝贝在椅子上不停地动弹，不愿意专心致志地写作业，还不停地自言自语。妈妈愤怒地说："让你写个作业就这样磨蹭，这样动来动去的，不许动，赶紧写，再动就让你一直坐着写。"

贝贝反驳道："你坐的时候也不可能一动不动。"这句话让母亲更加生气："这孩子怎么那么不懂事儿！"

孩子继续顶撞："我一写作业你就总是说我，所以我不想给你写啦。""是给我写吗？"妈妈气愤地吼着。

当妈妈说出"你要是不写，我就不管你了"这句话之后，我们观察到妈妈是否真的放弃了管教？在这样做的时候，她内心是怎么想的？她可能在心里说："我能不管吗？我的孩子，我太了解你了。如果我不管，你就真的不会去做。"结果，孩子回应："我一写作业你就总是说我，所以我不想给你写了。"这种情况令妈妈感到极大的挫败。

实际上，这反映了许多妈妈与孩子的相处模式。家长过度管控，过于频繁地为孩子做决定，导致孩子形成对父母的依赖性，无法独立承担责任，甚至可能与父母对抗。如上所述，妈妈陪伴写作业，实际上是完全接管了孩子的任务，而非让孩子自主决定何时开始写作业、先写什么作业。当妈妈承担了全部责任时，孩子便无法对自己负责。当然，我们并不是建议父母完全放手不管孩子的作业，而是应该在关键时刻发挥恰当的作用。

解｜决｜方｜法

★询问计划，表达信任

孩子在看电视，没有写作业的时候，妈妈可以等孩子看完一集，然后平静地询问："贝贝，今天的家庭作业是怎么计划的？你的作业想好怎么完成了吗？需不需要妈妈帮忙？"

贝贝说："我一会儿写，不用你管。"

妈妈用相信的态度回答："好的，如果你已经想好了怎么完成，就按你的计划进行，妈妈相信你能做好，那我就去忙我的事情啦！"说完可以离开做自己的事情。

信任对孩子来说非常重要，因为能够被父母全身心信任着的孩子会更加自信，因为它的能量不会消耗在跟父母争取更多的权利上。

★ 全然接纳，培养习惯

妈妈一直等到贝贝主动来写作业。由于时间已晚，贝贝开始表现出抵触情绪，不耐烦地说："作业太多了，我写不完。"

妈妈对此表示理解地回应道："是的，作业确实不少，而且时间这么晚了，你感到沮丧是可以理解的，妈妈也会有同样的感受。那你有没有什么好方法可以让这些作业变得不那么枯燥呢？你觉得怎样才能更好地记住这些生字？你可以按照自己的方式去做，妈妈会在旁边陪着你。"

贝贝开始动笔写字，他通过身体摆出各种姿势来记忆每个字，例如，写到"大"字时，他会张开手脚；写到"身"字时，他靠着墙站直，伸手展脚，形似"身"字的形状。妈妈静静地观察着，允许孩子用自己的方式学习，同时赞赏地说："妈妈发现你遇到问题时，有自己解决问题的能力，这让我很欣赏。"

在这个过程中，当妈妈放下个人的要求和标准，让贝贝用自己的方式去记忆学习内容。那些通常需要长时间记忆的生字，贝贝在不到5分钟内就能全部默写出来。而以前，这可能花费一个小时也不一定能够完成。实际上，最关键的方法是信任与允许，当妈妈完全信任贝贝，并允许他用自己的方式完成作业时，贝贝不仅能发现自己解决问题的能力，还会为自己的学习承担责任。

孩子即使看电视看到忘记写作业，也尽量不去提醒，让孩子经历承担责任和后果，在他需要的时候抓住关键时刻给予协助。关键时刻是指孩子遇到困难、无法坚持或感到情绪沮丧、脆弱和无助时，孩子需要从父母那里获得鼓励、支持和帮助。我们应当引导孩子如何解决问题，而不是代替他们解决。用积极的态度肯定孩子，并采取实用的方法帮助他们，引导他们，通常经过 3 到 6 个月时间，孩子便能形成相对稳定的学习习惯。

　　一旦孩子形成了稳定的学习习惯，他们对时间的规划能力和对生活的自主安排能力将得到显著提升，这也为孩子的自主性和独立性发展奠定了良好的基础。

学习中的困难是财富：
抓住机会建构孩子的"逆商"

学习从来不是一帆风顺的，总会遇到各种各样的困难与挑战。面对困难的时候，我们当然不希望孩子垂头丧气，一蹶不振。拥有自主学习能力的孩子，往往更愿意在困难面前不放弃，积极地想解决问题的方法，并且能够坚持到底，这种能力叫作逆商。

可以观察自己的孩子是否具有这样的行为，比如说做题目的时候，一遇到难题就不动笔，直接放弃；学才艺的时候最开始都是热情满满的，但是过不了多久，就闹着不想去了；平时玩游戏，可能会输不起，如果输了，要么就难过大哭，要么就不认账，不愿意去尝试那些有难度、容易失败的一些新的活动；遇到同学之间的问题以及与老师的矛盾，动不动就要放弃……

同样的一个问题，看的角度不一样，孩子的理解就会不一样，我们要培养孩子积极乐观地看待问题的习惯。话虽如此，可当孩子真的面临挫折时，家长却一筹莫展。

案例故事

有一天下班的路上，我接到一位家长的电话，说放学后刚接到孩子，孩子就号啕大哭，要求妈妈给他换老师、换学校，以后再也不要上学了。原来当天最后一节课快要放学时，数学老师当着全班同学的面，把他的作业本摔在他的身上并且说："看看你写的是什么东西，谁能看得懂！"

到家以后孩子情绪状态还是非常糟糕，一度崩溃。妈妈深知孩子已经四年级，正处于小学阶段的关键时期，数学老师又是班主任，如果这件事情处理不当肯定会给孩子带来很大的影响。可是除了着急和担心妈妈什么也做不了，情急之下给我打来电话求助……

在孩子成长的过程中，不管是和同学之间还是和老师之间，都会遇到各种问题。当遇到这种情况，如果我们作为父母不能理性对待，也跟着孩子被带入整个情绪里，显然于事无补。

比如说去找老师的麻烦，或者说给孩子换班、换学校等等。那孩子习得的就是这个老师不好，那么以后他遇到挫折或者问题，总想着怎么样去逃避，或者怎么样把别人换掉，而从来不会想着如何抓住机会成长自己。又比如父母让孩子忍着，觉得老师可能顾不过来，或者老师是为了孩子好才生气，会站在老师的角度去说服孩子。那孩子的这份情绪就会被压抑，没有被看见。久而久之，这个孩子可能真的就会厌恶老师，厌恶这门学科，甚至以后厌学。

解决方法

★共情陪伴，缓解情绪

当我听完孩子妈妈的描述后，决定与孩子视频连线，协助孩子解决问题。

视频刚接通，我对着手机里的孩子打招呼："嗨！轩轩，好久不见！我都想你了，你想我了吗？"轩轩抬头看了我一眼，并没有说话，而是默默地把头低下了。

"轩轩是这样的，下午发生的事情，妈妈已经都告诉我了。当我听到以后，我也真的感到很尴尬、很无助，甚至很愤怒。在全班同学面前被那样对待，如果是我，我也会跟你一样，觉得很难堪，非常的气愤。"

听到我这样说，轩轩瞬间放声大哭起来。妈妈见状赶快去抱孩子，我示意她只是轻轻抚摸孩子的后背就好，不需要有语言的交流，给孩子一个空间。

只见孩子边哭边大声喊道："啊！我恨他，让他赶紧滚蛋！啊啊啊！他还配当个老师吗？他根本就不配！不配当老师！连个人他都不配当！！"在孩子发泄的同时，我轻声附和道："是的，遇到这样的事情真的很难过……"

在我的倾听下，轩轩的情绪慢慢地平复了下来，身体也没有刚才那么僵硬了。渐渐地，孩子的身子慢慢地坐直了，头也没有刚才那么低了。

"轩轩，你现在感觉好点了吗？我们可以聊一聊吗？"轩轩配合地点了点头。

★ 协助引领，构建内在

我接着说："轩轩，遇到这样的事情确实会令人难过、气愤！别说是你，换作我，也是同样的感受。孩子，我想要给你说的是，在这个世界上，只要你不允许，就没有任何人可以伤害你。无论你的老师怎么看待你，你的同学怎么看待你，无论别的任何人怎么看待你，你只要记住：在你父母的眼里，你永远是他们的唯一，是独一无二的。在你自己的心里，你永远是那个与众不同的自己。"

这段话说完，明显感觉到孩子的状态已经从谷底慢慢地爬了上来了，能量也逐渐提升，整个身体都有了力量，也愿意开始直视镜头。

★ 换位思考，洞察初心

看到孩子这些变化，我继续说道："轩轩，我们试着来分析一下，老师为什么会这样做？他把本子摔在你的身上，他想让你干什么？"

听到这样问，轩轩不屑地随口回答道："他不就是想让我把字写好嘛！"

"嗯，是的。你看，这个老师本意是想让你把字写好，也就是说他的初心是想让你好。但是，他的方式却让你感觉到很受伤。所以，我们发现不管是老师还是其他成年人，都有自己的局限性。包括我也是，有自己的局限性。

"老师本来的想法是想让他的学生把字写好，写工整。老师可能有一个很大的担心，比如说如果你参加高考，考试的时候这个题你会算也会写，但是因为你的字写得不好，导致阅卷老师或电脑识别不出来而不给你加分，这样你可能就会吃亏。所以他带着这份着急和担心，就产生了生气的情绪。可是，他又没有办法管理好自己的情绪，就把本子摔在你的身上，希望通过这种方式让你长记性，从而让你把字写好。

"那我们现在可否试着去看到他背后的担心和爱，这样想的话，你的心里面是否会好受一些？"

认真听完分析的轩轩，默默地点了点头，情绪也比刚才又缓和了很多。

★借由问题，成长自己

"轩轩，现在我们已经知道了老师的这个处境，那我们来思考一下，为了避免这样的事情再次发生在你的身上，你觉得我们可以做哪些调整呢？"

"把字写好！以后我再也不让他抓到我的字写得不好！"轩轩毫不犹豫地回答道。

"天哪！轩轩，我真的是太欣赏你了！老师做的这件事情让你如此的难堪和难过，但是当我们冷静下来，把整件事情分析完以后，你又想着自己怎么样把字写好，怎么样能够不让老师担心，或者是不让自己再有这样的处境。我觉得你真的是一个非常积极、善良的孩子！那你想想，有了这些美好的品质，你有什么事情会做不好或者做不到呢？你要知道这并不是所有人都能做到的，你只是一个孩子，但是你做到了！

"我都不知道该用什么样的语言来表达对你的欣赏，这可真是太了不起了！"

此时的轩轩脸上早已经乐开了花，浑身都是满满的激情和能量，跟视频刚开始的那个孩子判若两人。

与孩子沟通的过程中，可以看到孩子从羞愧、愤怒到最后喜悦、充满能量。与此同时，孩子妈妈的情绪也是由一开始的焦急、无措到从容、淡定。足以见得，我们成人只有不被情绪控制，不掉在事件与情绪中，才能正确地引领孩子，而孩子才能够真的在我们的引导下变得轻盈绽放。如果孩子能够非常乐观地去解读每一件事情，那么在面对逆境的时候，自然也能展现出更加积极的态度。

每个孩子在学习的过程当中都会遇到各种各样的难题，作为家长我们也许能够帮助孩子解决某个具体的问题，但是我们不可能代替孩子克服他所有的困难。爱孩子并不是帮孩子去解决所有的问题，而是陪孩子一起去应对挑战，培养孩子的逆商，让孩子在遇到问题时能够积极解决问题。

第七章

家庭成员
不会表达爱，
怎么办？

——如何经营家庭成员间的亲密关系

家庭，这个由血缘、婚姻关系编织而成的社会小单元，对每个人的成长和幸福起着至关重要的作用。在家庭中，我们既学会了爱与被爱，又学会了如何与他人建立联系；更重要的是，我们从中汲取了生活的力量和信心。

　　夫妻关系是家庭结构的核心，和谐稳定的夫妻关系能为孩子提供一个充满爱与安全感的成长环境。在这种家庭环境中长大的孩子，更容易形成积极的自我形象，拥有更高的自尊心和自信心。相反，冲突频发的家庭环境可能导致孩子出现焦虑、抑郁等情绪问题，影响其社交能力和学业表现。

　　在许多家庭中，成员之间可能不习惯或不擅长表达爱意，这往往导致误解和隔阂的产生。为了营造健康的家庭环境，我们可以通过定期家庭会议、共同活动来相互倾听和表达感激，使家庭成员之间的亲密关系得到巩固。

　　家庭不仅仅是提供物质生活的场所，更是情感交流和心灵成长的土壤。在这片土壤上，爱的种子需要得到精心培育，才能开出幸福和谐的花朵，滋养每一位家庭成员的心灵。让我们从现在开始，更加积极地为打造一个充满爱与理解的家庭环境而努力吧。

家庭温馨小会议：
让本来糟糕的事情变得有温度

在家庭这个微小而复杂的社会中，难免会出现各种问题。例如：家庭氛围不佳、家庭矛盾难以化解、家庭成员的某些行为令其他人感到不适、家长与孩子之间缺乏沟通、孩子内向不愿表达、孩子不喜欢待在家里、孩子对家长的某些想法不满……这些问题若不被解决，将会破坏家庭氛围，使家庭成员感到不安。然而，直接提出问题又有可能引发冲突。因此，尝试召开家庭会议共同探讨解决办法，可以让原本紧张的氛围变得温馨。

召开家庭会议不仅能增强家庭成员之间的互动与理解，还能促进家庭和谐发展。当家庭成员齐心协力、共同商讨家庭事务时，无疑会增强家庭的凝聚力和亲密度。在集思广益的过程中，往往能够找到解决问题的创新思路和方法。因此，定期组织家庭会议是十分有价值的。

◉ 案例示范

★热身准备，轻松氛围

让所有家庭成员跟随音乐玩一个音乐小游戏，进行热身。

提前准备一些食物和音乐，让家庭会议氛围变得轻松愉悦，以免尴尬不自在。切勿严肃正式，让每一个家庭成员感到温馨愉悦，才能放松地自然交流。

★轮值主席，主持会议

现在我宣布，我们本周的家庭会议正式召开，感谢大家积极参会，让我们的家庭氛围在大家的努力下变得越来越好！掌声！！！

轮值主席，由每个家庭成员轮流来当，让每个人都为这个家做出努力。轮值主席需要提前组织语言，可以为孩子提供锻炼语言表达能力的机会。

★感恩回顾，致谢环节

现在我们进入会议的第一个环节：感恩回顾，致谢环节。请大家每个人分享上周最感谢的人是谁，他做了什么事情让你感谢。

弟弟说："我先说，我要感谢哥哥，因为哥哥昨天晚上陪我坐在窗台上看夜景。"

哥哥说："我上周最感谢的人是外公，因为我看上了很多书，外公就果断地帮我出了钱，所以我十分感动。"

妈妈说："我感谢我的老公，因为今天我答应他要给他做午餐，结果弟弟困了，我陪弟弟睡觉，我也睡着了。他回来不仅没有打扰我，让我安心地睡觉，还炒了我最爱吃的土豆丝，虽然他不会切，但是他还是努力尝试做了，所以我非常感谢我的老公对我细心的爱与呵护。"

爸爸说："首先，我感谢我的老婆，因为这个星期她每天中午都为我做午餐，每天还把弟弟和哥哥照顾得很细致，让我很安心。第二个感谢的是我的两个崽崽，因为你们让我觉得很快乐，感谢可爱的你们给我带来的快乐，谢谢你们。"

让我们从分享美好的事情开始，每位家庭成员都可以向其他成员表达对特定行为和事件的感激。通过回忆每一件小事，使我们彼此之间的爱得以流淌，让每个人心存感恩。

★发现优点，传递赞美

现在进入家庭会议第二个环节：我发现你很棒。每个人要把这一周自己看到其他家庭成员做得好的地方传递给大家。

弟弟说："我发现哥哥很棒，因为哥哥昨天晚上陪我看夜景，还给我讲晚安故事。"

哥哥说："我觉得妈妈很棒，因为那天弟弟想换一个玩具，妈妈不嫌麻烦，帮弟弟去换，弟弟很开心，我也很开心，我感受到了妈妈对我们的支持。"

妈妈说："我觉得哥哥很棒，在同学生日派对的时候，他为同学弹了一首歌曲，我觉得他弹得非常投入，感受到了哥哥对同学最真诚的祝福。"

爸爸说："我发现我自己很棒！我觉得我对你们两个很有耐心了，因为昨天你们玩水，衣服湿了那么多次，帮你们洗了那么多次，帮你们晒了那么多次，我都没有生气，我觉得我自己真的好棒！"

妈妈说："能发现自己很棒，真的很棒哟！为这样的爸爸鼓掌。"

爸爸继续说："我的老婆也很棒，我的老婆很爱我，很包容我，谢谢！"

在生活的纷繁复杂中，我们往往羞于向家人直接表达我们的欣赏与爱意。然而，通过设立家庭会议，我们可以在一个正面且支持性的环境中互相赞美，从而营造家庭的安全感与参与感。这不仅促进了家庭成员之间的情感交流，还为每一位成员的心灵成长提供了滋养。

★ 自我发现，进步与不足

现在进入第三个环节：自我发现环节。请大家回顾上一周，自己有哪些进步的地方，还有哪些需要成长的地方。

弟弟说："我发现我昨天走得快了一点，我应该再慢一点就不会摔倒。"

轮值主席回应说："这个发现很好，可以保护自己，鼓掌。"弟弟继续说："我发现我做得好的地方就是我很勇敢，摔倒了我没哭。"

哥哥说："我觉得我进步的地方就是我可以遵守约定了。电视看了两集，我就主动关了，没有一丝留恋。需要成长的地方就是要对弟弟耐心一点。"

妈妈说："我进步的地方就是这一周带两个孩子我没有发脾气。我需要进步的地方就是要坚持，在运动方面我还是比较懒惰，我总想让别人陪着我，爸爸不在家我就比较懒了，包括看书也是，不自觉，总需要陪伴或者督促。"

爸爸说："我进步的地方就是，现在回到家可以把时间分得很清楚，该陪孩子就认真陪孩子，该处理事情就专心处理事情。做得不足的地方就是体重控制还是不好，真的是管不住自己，有点难，还是需要再加油。"

通过这一环节，家庭成员不仅能够目睹自己的成长与进步，而且被引导去回顾并反思自身的不足之处，这个过程帮助每个人识别出自己需要成长的领域，并为未来的一周指明了方向。同时，这也为孩子们树立了一个榜样：向他们展示即使存在不足，也不意味着失败，而是标志着成长的潜力。通过不懈的努力，我们能够逐步取得进步，从而引领孩子们在面对不足时保持积极的态度。

★ 遇到问题，互相建议

接着，会议进入第四个环节：本周遇到的问题。我们要勇敢地面对不足，家人之间，哪怕有过小摩擦，也可以坦诚说出来，彼此道歉，在理解与宽恕中学会成长。

哥哥说："那天弟弟骑滑板车碰了我，我也拿滑板车碰弟弟。妈妈过来批评我，我很委屈，虽然我后来知道弟弟不是故意的，但是我还是觉得不公平。”

妈妈说：“哥哥，谢谢你告诉我，你要不表达，妈妈都不知道你原来还有委屈，真的很抱歉！可能妈妈的处理方式让你感受到妈妈偏向弟弟，让你感觉不公平，那妈妈可以怎么做你会感觉公平一些呢？”

哥哥说：“是弟弟先撞我的，我当时不知道他不是故意的，我才撞他的，你应该先问清楚，再处理，而不是直接说我。虽然这样会伤害弟弟，那我也受伤了呀！”

妈妈说：“也就是说，当时弟弟用滑板车碰了你，你本能地觉得弟弟是故意的，所以马上就有点生气，于是就碰回去了，是这样吗？”

哥哥委屈地说：“是的。”

妈妈说：“真的对不起哥哥，确实妈妈应该也问问你的想法，而不是直接说你不应该碰回去，这样会让弟弟受伤。妈妈没有站在你的角度考虑，真的很抱歉。妈妈当时觉得弟弟不是故意的，而你还碰回去，这样会伤害了你们兄弟的感情。妈妈觉得兄弟俩就应该互相包容，所以才那样说。真的很抱歉，误会你了，谢谢你的建议，妈妈下次要更加周全地考虑问题。妈妈抱抱你好吗？”

哥哥进入妈妈的怀抱，弟弟也过来说：“哥哥，对不起，我不小心碰到你了，下次我小心一点。”

哥哥说：“我也不应该碰你，应该相信你不是故意的，弟弟对不起。”说完哥哥也把弟弟抱在一起，爸爸也过来抱在一起说：“真好，我们是相亲相爱的一家人，所有遇到的小摩擦都能让我们成长。”

利用这个环节，我们可以将本周所遇到的问题、不愉快以及困惑一一解决。通过成员间相互表达、反思和道歉，家庭中的冲突、小摩擦和矛盾都得以化解，转化为成长的契机。这不仅能恢复家庭和谐，还增强了成员之间的友爱关系。

★ 下周计划，欢乐时光

最后我们一起看看下一周，自己有哪一些努力的方向，或者我们家庭中有哪些计划和安排需要大家一起参与，每个人都可以说说自己的计划。

哥哥说："我计划下周的作业尽量在学校做完，吃饭也要吃快一点，这样就不会耽误时间。"

弟弟说："我走路时要走慢一点，不要摔跤。"

妈妈说："下周我要把暑假咱们出游的计划安排出来。周六我们一起去露营，需要大家把周六的时间安排出来。还有咱们的大扫除也是需要大家周五晚上一同参与。"

爸爸说："下周我的工作尽量在单位完成，回到家尽量参与做饭和陪伴家人。"

轮值主席说："太好了，我们共同为下一周加油，我们互相拥抱家人，感谢每个人拿出时间经营我们的小家庭，爱你们。一起唱一首歌结束今天的会议。"

通过温馨的家庭会议，把生活中认为糟糕的事情变得有温度，为孩子们提供表达自己想法和感受的机会，并且对孩子的想法和感受予以肯定，多给孩子正向的反馈和激励，孩子会觉得"我是被认可的，我是重要的，我是好的"。这样，孩子会更努力、更积极地参与到行动计划中，成就家庭的和谐与平衡。家庭会议重新定义了家庭教育，每一个成员在家庭会议中都会获得滋养和成长。在这里，我们连接心灵，彼此支持，共同书写我们的家庭故事。

    （1）提前告知所有家庭成员；

    （2）提前准备家庭会议议程；

    （3）食物的准备，营造轻松的氛围；

    （4）平等的交流，不着急的心态；

    （5）会议不是解决孩子的问题，而是解决当前的一些家庭问题。

家庭中的小游戏：
让我们爱的能量流动起来

在快节奏的时代，家庭生活往往被各种责任和压力所占据。日复一日，我们或许已经习惯了回到家就投入各自的世界中。或是忙于工作，或是全程陪伴孩子，完成所谓的"家庭责任"。然而，家不仅仅是责任的港湾，也应是爱的乐园，是让每个成员都能感受到轻松与享受的所在。那么，如何打破日常的循环，让爱在家人间自由流淌呢？答案可能就藏在一次简单的家庭小游戏中。

想象一下，当周末的夜晚来临，一家人围坐在温暖的客厅里，没有电视的嘈杂，没有手机的干扰，只有彼此的陪伴和桌上摆放着的几款小游戏。这不仅仅是娱乐的时刻，更是一次心灵的交流和情感的联结。通过游戏，我们可以以一种轻松愉快的方式，重新找回家庭成员间那份被日常琐事掩埋的亲密与爱。

◉ 案例示范

轮值主席组织家庭成员并宣布："又是我们每周一次的家庭游戏之夜了！在游戏中，我们可以尽情展现自我，感受家人之间爱的流淌。大家准备好了吗？"在得到家人的肯定回应后，他将宣布游戏规则。

轮值主席的职责可以轮流承担，初始阶段由成人来组织，随后孩子们也可以承担这一角色。轮值主席的任务是负责主持，并提前设计游戏。这些游戏的目的是让家人放松，并在游戏中增进彼此之间的爱。需要注意的是，游戏不必过于复杂，只需轻松有趣即可，并且持续时间不宜过长，10 至 20 分钟为宜。这样既能保持游戏的新鲜感，又不会使人过度疲惫，恰到好处地让爱在家庭成员之间流淌。

★示范游戏一：跳跃版石头剪刀布

游戏规则：

1. 一家人一起用脚跳跃石头剪刀布，嘴巴可以念出：石头剪刀布。

2. 实施淘汰制，留到最后的为胜利者。

3. 全家人依次给予胜利者爱的拥抱，用不同的抱法，边抱边说："要向你学习，爱你哟。"

4. 继续下一轮，成人一定做好示范。

游戏目的：体验胜利的喜悦、感受用身体表达爱，积极面对淘汰，锻炼孩子的抗挫折能力。

面对淘汰制的游戏，让孩子正确看待淘汰，向胜利者学习，并学会通过肢体语言表达爱。这样的过程有助于在孩子尚未成熟的思维中潜移默化地树立起正面的输赢观念，即胜利并非全是实力的体现，失败也并非代表不足，家人之间的相互鼓励和支持才是内心真正不可或缺的力量。随着游戏的进行，默默地增强了家庭的凝聚力，使每个成员都感受到自己是这个小团体中不可替代的一员。通过游戏的方式，孩子们在未来走向社会时，也将能够积极地看待输赢。

★示范游戏二：照镜子

游戏规则：

1. 两人一组，一人做主人，一人做镜子。

2. 主人做动作，镜子模仿主人做一样的动作。

3. 动作每次都不可以一样，尽情想象和创造。

4. 动作重复或模仿不了主人的动作，则游戏停止，需要换不同的家人重新开始游戏。

游戏目的： 体验彼此之间的默契度、感受身体的支配性与协调能力、锻炼孩子的创造能力与模仿能力。

面对动作类游戏，参与者需发挥想象力与创造力。在执行动作的过程中，我们不仅学习了如何与家人协作，更重要的是体会到家人间无声的默契，这份经历无疑加强了家庭成员之间的情感联结，令家中的温馨氛围愈发浓郁。

★示范游戏三：逢7跳

游戏规则：

1. 一人当司令负责发号指令，其他人当兵负责执行。

2. 司令随机说数字，兵听到数字7或包含7的倍数就要跳起来。

3. 跳错或没跳都要停止游戏，为司令做出服务的行动并说"司令辛苦啦，请享受我为你服务"，如按摩、倒水、洗水果等。

4.服务后自己可成为司令开始下一轮游戏。

游戏目的： 体验发号施令的灵活感、感受自己的听觉能力与反应能力，锻炼孩子跳跃能力和专注力。

面对指令类游戏，参与者必须保持高度的专注和具备灵活应变的能力，全身心地投入游戏中。在这个过程中，彼此之间集中精力、相互协作。通过实际行动来扮演不同的角色，体验服务于他人以及享受他人服务的乐趣，从而增强爱与被爱的能力。

★示范游戏四：动作接龙

游戏规则：

1.一人做动作，后面的人重复前面动作并加入一个自己的新动作。

2.以此叠加动作进行接龙，人越多，往后越有挑战性。

3.开始可以设置10个动作为一轮的终点，根据游戏的熟练程度可往上继续叠加。

4.无法接龙动作的人就淘汰，最终顺利达到终点的可获得"最佳记忆小能手"荣誉称号，并颁发奖牌。

5.重新开始下一轮游戏，挑战终点可叠加，看谁最终会获得荣誉称号，能够挑战多少动作。奖牌可轮换。

游戏目的： 体验游戏的挑战性和有趣性。需要结合自己的记忆力和专注力支配自己的身体，锻炼孩子的专注力和记忆力。

通过参与竞技类游戏，能够体会到游戏的趣味性和挑战性，这些游戏不仅持续提升我们的记忆力与专注力，还让我们感受到身体的灵敏反应。随着游戏的展开，欢声笑语逐渐充满了整个家庭。我们会见证孩子们在游戏中所展现的智慧与创造力，也会看到成人显露出童真童趣的一面。平日里不苟言笑的家长们，在游戏中露出灿烂的笑容，与孩子们一同沉浸在胜利的喜悦中，或共同坦然面对失败。这样的场景无疑是对"家"这一概念的美好诠释。

★ 示范游戏五：幸福版投喂

游戏规则：

1. 一人做投喂者，其他人做被投喂者。

2. 投喂者需要戴上眼罩，在自己看不到的情况下投喂食物给自己最爱的家人。

3. 全程被投喂者不可以说话，不可以协助，让投喂者尽情发挥。

4. 投喂到嘴巴算成功，被投喂者可说话，向投喂者表达自己的爱与感谢。

5. 可互相轮换。

游戏目的： 体验家人之间爱的流淌，感受游戏的趣味性和创意性。

家庭中的小游戏之夜，不仅仅是为了消遣时间，它更是一种家庭文化的建立。在这个过程中，我们重新认识到，家不只是履行责任的地方，更是我们共同享受生活、感受爱的场所。通过这些简单而又有意义的游戏，让每个家庭成员的心更紧密地联系在一起，让爱的能量在欢声笑语中自由流淌。

让我们不要忘记为生活加入一点游戏的元素，让家庭的每一天都充满欢笑和爱。因为在这些看似微不足道的家庭游戏中，蕴藏着增进亲情、放松心情、享受生活的无穷魔力。这就是家，一个让我们在充满爱的能量场域共同成长的温馨之地。

家人之间的秘密交流：
嘴巴说不出来的话交给爱的信箱吧

在家庭生活的温馨与和谐背后，也会隐藏着一些不为人知的烦恼与沟通障碍。每个人都可能会有难以启齿的心事，或是在当面交流时感到尴尬和不自然。这些难以言表的情感，如果得不到妥善的表达和解决，可能会逐渐累积成为家庭关系中的隐形裂痕。因此，设立一个"爱的信箱"显得尤为重要，它为家庭成员提供了一个安全、无压力的沟通空间，使得那些说不出的话得以被温柔地传递和倾听，尤其是可以为孩子提供一个表达自己需求或者吐槽的平台。

爱的信箱，并不是一个真实的邮箱，而是一种象征性的沟通工具，可以是一个小小的盒子或是任何可以投入笔记的物品。它的主要功能是让家庭成员可以匿名或公开地写下自己的想法、感受和需求，然后将其放入信箱中，等待其他家庭成员在适当的时候取阅和回应。

◎ 案例示范

★爱的信箱之源起

在家庭的温暖怀抱中，每个人都可能会有一些难以言说的秘密。这些秘密可能是忧愁的，也可能是喜悦的，但因为种种原因，这些秘密不能和他人分享。在一次偶然的深夜畅谈中，图图向妈妈打开了他的心扉，倾诉了他长久以来深藏心底的委屈和压抑。作为妈妈，在倾听孩子的心声时，深刻感受到他在日常生活中默默地承受着不愉快的事情，包括对爸爸的担忧、对妈妈的不满、对阿姨的愤怒等。直至那个夜晚，这些积累的情感才终于找到了释放的出口。

那一刻，图图的妈妈对孩子充满心疼，并把这种情绪表达给我。我表示理解，同时也在思考如何才能让孩子们在遇到不快时，有一条畅通的表达之路？家庭成员又如何能做到理解并支持孩子们呢？灵感闪现，我想到了家庭中可以设立一个"爱的信箱"。

在家中，每个人的视角都是独一无二的，尤其是孩子们，他们的想法总是与成人不同。因此，为了让孩子能够自由表达自己，避免情感积压，设立一个"爱的信箱"至关重要。这个信箱代表着家庭成员间的信任与支持，大人和孩子都可以通过书面方式畅所欲言。孩子们还可以选择绘画等多样的方式来表达自己的感受，避免面对面交流的尴尬。这样的设计不仅为孩子提供了倾诉的平台，还促进了家庭成员间的开放交流，加深了彼此的情感联系。

★ 爱的信箱之使用规则

在一次充满温馨气氛的家庭会议中，妈妈提出了一个创新且富有深意的建议——设立一个爱的信箱。这个提议立刻引起了家庭成员的广泛关注与兴趣。妈妈详细地讲述了这一构想背后的缘由，以及它在促进家庭沟通、解决误解方面的潜在价值。

她解释称，这个信箱旨在为家庭成员创造一个自由表达的空间，无论是对孩子的鼓励与表扬，夫妻间的爱意与感激，还是家庭成员间的小矛盾与误解，抑或是对家庭未来的规划与梦想，都可以在这个信箱中找到一席之地。这种沟通方式的设计，正是为了打破面对面沟通时可能出现的尴尬与紧张，使得日常生活中可能被忽视的小事能够被及时表达和妥善解决。

妈妈提出，可以定期举行家庭会议，专门用来讨论信箱中的内容。这样的讨论不仅能够帮助家庭成员彼此更加了解对方，还能增进整个家庭的凝聚力与和谐氛围。

经过详细的讨论，家庭成员们一致赞同这个提议，并认为这是一个促进家庭沟通、增进理解与情感交流的绝佳方式。随后，全家人投入了对爱的信箱具体的商讨中。

家庭成员们积极发表意见，讨论信箱的放置位置，设计的细节等，每个人都体现出了对这个家庭新装备的期待与爱护。经过一番热烈而富有成效的讨论，最终确定了信箱的位置以及设计，为家庭的情感沟通开启了新的篇章。

经过家庭会议的介绍，成员们对爱的信箱有了更深刻的理解和期待。信箱应放在公共区域，如客厅或餐厅一角，便于大家使用，这象征着其在家庭中的核心地位。装饰信箱时，可以依据个人喜好，这也能增进感情。

父亲若难以直接表达对孩子的赞美骄傲之情，可以在信箱中留下便签；妻子对丈夫有不满，也可以写信提出；孩子们的喜悦或烦恼同样可以通过信箱分享。这样的信箱促进了家庭成员间的沟通与理解，增强了家庭的凝聚力。

★爱的信箱之情感价值

在家庭中引入爱的信箱后，第一次与家庭成员一起开启信箱查看信件的时刻，显得格外意义深远。信箱中既有写给妈妈的信件，也有写给孩子和爸爸的，每个人在拿到属于自己的信件时都开始用心朗读。

第一封是写给爸爸的信件。爸爸打开信件朗读道："老公，你昨天回来看到纱窗脏了，把纱窗取下来清洗干净，我看到那一幕真的很感动。我感受到了你为我们家的付出，有你真好！"爸爸读完，脸上露出了满面的笑容，既有不好意思，也有幸福，多种情绪在爸爸的笑容中流露。

第二封信是写给孩子的。孩子打开信件朗读："儿子，对不起，昨天你跟妈妈说话，妈妈又敷衍你了，可能让你感受到不被重视。我当时正在回复一条很重要的信息，当我的精力全部投入那条信息时，你跟我说话，我的语气和回应是心不在焉的，真的很抱歉，让你体验到了不好的感受。下一次妈妈会尽量跟你讲明白。"孩子读完后说："你就是不重视我。"妈妈抱起孩子，温柔地说："对不起，儿子，你时时刻刻都在提醒妈妈要成长。那妈妈做点什么会让你开心一些呢？"孩子说："你亲亲我。"妈妈回答："那必须的。"于是给予孩子一个大大的亲吻。本不太愉快的心结经由爱的信件得以愉快化解。

第三封信是写给妈妈的。妈妈打开信件，发现上面画的是一个大大的爱心，写着"妈妈我爱你！"妈妈高兴地说："我被儿子时刻滋养着。"一家人彼此说笑着，共同谈论这个爱的信箱的价值，感受着由此营造起来的爱的氛围，既轻松又愉悦。

借助这种独特的交流形式，爱的信箱不仅成为化解小矛盾、表达爱意的有效桥梁，也在促进家庭成员间的深度理解和情感交流方面发挥着重要作用。它使得家庭中的每个成员都能更加紧密地联系在一起，共同构建了一个充满爱与谅解的家庭氛围。同时，爱的信箱还有助于形成一种健康的情感表达文化，随着信箱中内容的不断丰富，家庭成员间的关系得以加强，整个家庭的和谐感与幸福感也随之提升。

随着时间的推移，爱的信箱将积累越来越多家庭成员间的真诚交流，逐渐转化为家庭珍贵的记忆宝库。当这些坦诚的交流使家庭成员间的关系变得更加紧密时，这个信箱便真正成为连接彼此心灵的纽带。

家庭的仪式感：
让每个人的进步都被看见

家，这个由爱围绕的微小社会，每个角落都洋溢着温馨与和谐。在这个空间里，我们分享彼此的喜怒哀乐，共同经历生活的风雨。然而，我们会陷入一个误区，认为家人的付出和进步是理所应当的，就像太阳每天都会升起一样自然。正是这种习以为常的心态，让我们忽略了家人之间的每一次成长和变化。生活中的不满足，往往来源于我们对彼此的付出视而不见。那么，如何让每个人的进步被看见，如何让家中的每个成员焕发出更加绚烂的光彩呢？答案就藏在那些简单而富有创意的仪式感中。

想象一下，每个月月底的周末晚餐时间，不再是匆匆忙忙地填饱肚子，而是变成了家庭成员的高光时刻。每个人轮流分享自己这一个月的小成就，无论是工作上的一个小突破，还是学习上的一个小进步，甚至是生活中养成的一个小习惯。我们可以为每个人的进步给予祝贺！最终大家根据合理的分析选出本月的进步之星，并为他准备一个小小的仪式感进行庆祝。

● 案例示范

★仪式感一：高光时刻分享

轮值主席的开场白："今天是 4 月份最后一个周末，我们将在今晚分享家庭成员的高光时刻。每位成员请分享本月你的最大进步和突破，请大家为分享者送上祝福和掌声！"

妈妈说："我这个月最大的成就是成功组织了家庭会议，使我们的小家在共同努力下变得更加和谐与充满爱。"大家纷纷送上掌声，孩子们激动地说："妈妈，我们爱你！"

哥哥分享道："我这月学会了合理使用电子产品。"大家再次送上掌声，弟弟表示："哥哥，我要向你学习。"妈妈称赞："我为你感到骄傲，你展现了自律的品质。儿子，我祝福你。"爸爸也加入："爸爸也要向你学习。"哥哥自豪地笑了。

弟弟说："我这个月的进步是能自己吃饭，不再需要妈妈喂我了。"他的真诚感染了全家，大家都笑着为他送上掌声，并亲了他一口，夸赞他真棒。弟弟高兴地跳了起来。

爸爸分享时说："我分享的是挑战与突破。为了每周能回家陪伴你们，我成功地换到了离家近的城市工作，虽然面临很大的挑战，但我仅用半个月的时间适应了新环境。"听完爸爸的分享，哥哥称赞："爸爸太酷了！"弟弟说："爸爸辛苦了，我爱你！"妈妈感激地表示："感谢你为我们的家庭付出的努力，让我感到安全，我爱你！"给了爸爸一个大大的拥抱。

轮值主席感动地说："我们见证了每位家庭成员的进步，这个

4月真的值得我们庆祝。接下来，我们要选出进步之星，大家认为应该是谁呢？"大家一致选择了爸爸。

"为爸爸送上掌声，并为他戴上进步之星的头饰。"

在这些特殊的日子里，家庭成员一起准备一顿特别的晚宴，举行一个小型派对，庆祝这独一无二的美好时刻。大家忙碌着准备晚宴，营造具有仪式感的氛围。

进步之星的评选可以是家庭成员在学习、工作或日常生活中所取得的进步和突破。无论是孩子在学校取得的优异成绩，父母成功完成的工作项目，还是家庭成员掌握的新技能，都值得被认可。每月月底，全家人围坐一起，分享个人进步与突破的背后故事，同时享受家庭的温暖和相互鼓励。这一过程不仅让每个成员的成就得到家庭的认可和庆祝，而且也强化了家庭的支持感。最终，家庭将共同选出进步之星，用富有意义的仪式进行庆祝。这些看似简单的行动，实则是家庭成员间关爱和尊重的深刻体现，增强了家庭成员间的紧密联系。

★仪式感二：专属时光特权

轮值主席举杯："随着具有仪式感的晚宴拉开帷幕，让我们共同举杯庆祝爸爸荣膺本月的进步之星，同时感谢他为家庭的付出与努力。在祝福声中，我们齐声干杯，期盼爸爸的未来越发美好。"孩子们纷纷向爸爸表达爱意："爸爸，你辛苦了！我爱你！"爸爸被孩子们爱的表达感动得合不拢嘴，激动地说："我真的感到很幸福。"他显得有些不习惯被这般关注。妈妈温柔地鼓励他："今天，就请尽情享受属于你的时刻吧！"

爸爸既感到有些局促，又难掩内心的喜悦，沉浸在这份关爱之中。晚宴在一片欢声笑语中继续，妈妈宣布为进步之星准备了一个特别的惊喜。首先揭晓的是一份专属时光券，持有者可以自由选择自己喜欢的活动，如阅读、健身、休息或与朋友聚会等，使用此券的当天，任何人不得打扰，确保拥有者享有完全的个人时间。爸爸幸运地获得了这一特权，全家人都向他表示祝贺。爸爸满怀惊喜地收下这份礼物，并表达了深深的愉悦，感受到了家人深深的爱与尊敬。

每个人都需要拥有自己的独处空间和时间，这不仅是个人心理健康的必需，也是维护亲密关系和谐的重要因素。即使是最亲近的人，长时间、无间断的相处也可能导致疲惫与压力累积，而这种紧张状态若长期未得到缓解，反而可能侵蚀那份本应温暖的关系。

偶尔一次的自由专属时光，能为个体提供宝贵的自我反思与恢复的机会，让每个人都能以更加饱满的精神和情感状态回归到彼此的互动中，从而让关系更加和谐稳定。因此，为了我们和我们所爱之人的幸福，让我们尊重并给予彼此适当的独处空间和时间而特别设计此券。

如果是孩子获得了专属时光券，可以为孩子们安排选择自己喜欢的活动，如画画、阅读、弹奏乐器等。可以让孩子们感受到家长的关爱和支持，让他们更好地发掘自己的兴趣和才华。

★仪式感三：协力助推愿望

妈妈接着宣布第二大惊喜，爸爸有些不好意思地说："还有啊！"妈妈坚定地回答："当然，我们的进步之星都是通过不懈努力和付出赢得的，理应享受这样的惊喜。"爸爸喜笑颜开，妈妈随后揭示第二重惊喜："请进步之星分享一个近期的愿望，我们将齐心协力助你实现。"

"哇！这么好，我得好好想想。"爸爸幽默地回应。

孩子们迫不及待地说："爸爸，快说，我们帮你实现，快说呀！"爸爸沉思片刻后说："我得好好考虑，这机会难得。"于是，大家开始笑着讨论各自的愿望，共同享受这一欢乐时光。

每月的进步之星有机会表达个人的微小心愿，家庭成员们则互相协助，共同实现这些愿望。这一做法不仅教会孩子们如何关心及帮助他人，也帮助他们更深刻地认识自我需求与期望。与此同时，家人们通过齐心协力，为所爱之人达成心愿的过程中，感受到了彼此之间支持与爱的流动。

★仪式感四：爱的专属手势

妈妈随后揭晓了第三重惊喜："我们将为爸爸创建一个只属于他的特别手势，这个秘密只有我们家庭成员知晓。通过这个手势，我们可以向爸爸传递如'我爱你''谢谢你'等特别的信息，使爸爸随时感受到我们对他的爱。"她补充说，"这样做能让我们更亲密地表达彼此间的爱意与深厚情感。"

话音刚落，孩子们便开始兴奋地提出各种手势的创意。最终，由爸爸选择那个最能让他感受到家人爱与支持的手势。一旦确定，家庭成员便纷纷用这个手势表达情感，家中弥漫着爱的气息，欢乐和谐的气氛达到了高潮。整个晚上，爸爸被家人的爱紧紧包围着，笑容从未离开过他的脸庞。甚至在孩子们入睡后，他还与爱人长谈至深夜，分享各自的感受以及对彼此的支持。

　　通过这些简单而有趣的仪式，不仅庆祝并认可了进步之星以及每个家庭成员的成长与努力，还增进了彼此间的情感，使得家庭这个小型社会更加和谐温馨。生活不只有平淡与忙碌，还有我们共同创造的仪式感和温情，这正是我们心中最美好的家园。

　　家中的仪式感犹如一盏明灯，照亮我们前行的道路，使我们更加珍惜彼此的情感联系，懂得感恩与付出的重要性。在这个充满变化与挑战的世界里，让我们携手营造家庭的仪式感，使每个人的进步得到见证，并让这个家的小宇宙绽放出更加璀璨的光芒！

让爱装满我的家：
建立家庭情感账户，经营幸福小家

在忙碌且繁杂的现代生活中，家庭不仅是我们的避风港，更是精神的寄托之所。它超越了实体的墙和门，构成了一个需要我们积极培养和维护的情感共同体。家庭成员间的每一次情感交流，都可视为对这一情感账户的投资或消耗。那么，如何让爱渗透在生活的每一个角落，打造一个充满幸福感的家庭呢？这要求我们有意识地建立和充实我们的家庭情感账户。

情感账户这一概念，源自心理学与经济学的融合，它将我们在人际关系中的情感交流比作金融账户中的资金流动。每一次的理解、支持、鼓励以及亲密互动，都是向对方情感账户的存款；而每一次的误解、忽视、批评以及冷漠对待，则构成了取款。情感账户余额的充足是关系稳固与和谐的基础，而余额不足则可能导致关系的疏远与脆弱。

父母应在孩子年幼时期有意识地帮助他们建立情感账户，其中包含被理解、被尊重、被欣赏和被无条件信任等元素。然而，随着孩子逐渐长大，情感账户的状态可能会出现收支不平衡、冻结甚至透支等情况。此时，批评、指责、失信、谩骂、嘲讽和欺骗等取款行为也会影响孩子的行为表现。良好的亲子关系会对我们一生产生深远影响，你是否为你们的情感账户储蓄了足够的存款？是"存"

得多还是"取"得多呢?

◎ 案 例 示 范

★情感账户之使用规则

在家庭会议中，轮值主席详细阐述了情感账户的规则与意义：
"今天我们要共同建立属于每个家庭成员的情感账户。所谓情感账户，是一种象征性的信任和安全感的积累，其中存款代表正面行为，而取款则指不当的负面行为。

"我们对家人的理解、守诺、关心、协助以及共同度过的美好时光，都能增加情感账户的余额。例如，每日的拥抱，表达爱意，以及晚餐时的分享时刻，都是积极的存款方式。相对地，忽视他人感受、违背承诺等行为会减少余额，可能导致关系疏远。例如，家庭争吵便是相互间情感账户的取款行为。

"为了营造一个充满爱与和谐的家庭环境，我们将正式设立家庭情感账户。每位成员将获得一只精美的透明玻璃罐，用以象征个人的情感账户，并置于家中显眼位置。此外，每个人需选择一种颜色的代币，用于为彼此的情感账户存取资金。举例来说，若某位家庭成员的行为让你感到舒适或被爱，你可以将你的代币放入他的玻璃罐中，表示向你们的情感账户存入了一笔资金。反之，若受到伤害，你也可以从对方的罐中取出相应代币，表示取款。若对方希望弥补，通过沟通和行动来挽回，你可以选择是否接受弥补。每年的寒暑假期间，全家人将共同审视各自的情感账户，分享彼此间存款的多少，共同体验深厚的爱与关怀。

"希望大家对情感账户的建立规则和意义有清晰的认识。现在，邀请每一位家庭成员分享自己的感受和想法，积极参与到情感账户的建立过程中。"

情感账户的概念不仅适用于家庭和亲密关系，其影响也广泛地延伸到职场、社交等多个领域。通过持续在情感账户中存款，个体能够建立和维护健康的人际关系，从而提升个人的幸福感和职业成就感。理解和实践情感账户的增值方法，将有助于我们在各个方面获得更好的人际互动体验。从小在家庭中灌输这样的概念，对于孩子来说，无疑是一种无形的财富积累，将教会孩子们如何有意识地经营人际关系，这对他们来说是一种非常宝贵的财富。

★情感账户之独特装饰

分享环节结束后，轮值主席宣布："接下来我们每个人拿一个罐子来装饰自己的情感账户，还要选择一个自己喜欢的代币颜色在存钱时使用。"

妈妈选择了红色的代币，爸爸选择了黄色，哥哥选择了蓝色，弟弟选择了绿色。代币选择好后，各自拿一个玻璃罐子，每个人开始忙碌着装饰自己的玻璃罐。有的贴着自己喜欢的贴纸，有的贴着自己的照片，还有的画着画，每个人都用心地装饰着自己的情感账户。

最后大家一起商量，把情感账户放在沙发旁边的柜子上，还给这个柜子取了一个名字，叫作家庭情感银行。情感银行建立好后，大家都满意地笑了。

这些看似微不足道的共同时光，实际上是情感账户中的重要存款，它们增强了家庭的凝聚力和温暖感。

★情感账户之花样积累

接着我们一起与孩子对原始情感账户积累的主要方式进行讨论，哥哥提出要开展一些小游戏或活动让家庭成员共同参与，体验一起存款的乐趣。

游戏是孩子主要的沟通方式，如果停止游戏，就相当于让成人停止说话和思考。孩子在游戏中释放压力，表达自己，也能更好地帮助成人了解孩子的内心世界，建立更亲密的亲子关系。

方式一：爸爸提出开启无手机的亲子时间。全家人需要遵守定期有一次手机关闭阶段，全程专心陪伴和倾听彼此。

没有手机的干扰，父母和孩子可以更加专注地倾听和表达彼此的想法、感受和需求，建立更真诚、更有效的沟通。

方式二：妈妈提出积极修复裂痕。生活中难免有冲突，面对冲突时我们可以彼此沟通，主动通过一些积极的方式让对方原谅。在家庭关系中冲突问题不可怕，可怕的是让裂痕一直存在，甚至累积才是可怕的，时间久了会变成伤害，还会透支情感账户。

修复关系不等于单纯的道歉。平等地与孩子沟通，通过肢体的拥抱或亲吻，让孩子放下防备，与他们建立心灵的联结，并同时鼓励孩子表达自己的想法和感受。解决冲突的能力也是保持情感账户健康的关键。冲突在任何关系中都不可避免，重要的是如何处理冲突。学习有效的冲突解决技巧，如冷静下来再讨论问题，使用语言表达自己的感受而不是指责对方，寻找双方都能接受的解决方案，都可以减少不必要的情感提款。

方式三：弟弟提出要给予无条件的爱，接受他们暂时做不好的地方。

这一点对很多父母都是非常有挑战性的，我们也需要在学习和试错中与孩子一同成长。

通过大家的深入讨论与思维的碰撞，我们各自理解到每个人的需求都有所不同，并且进一步了解家庭成员之间的各种独特需求。这样的沟通为我们接下来的日常生活建立了良好的基础，使得我们能够更好地为彼此建立情感账户。

家庭情感账户的建立和维护是一个长期的过程且十分重要。它需要我们在日常生活中不断地用心经营，通过一次次小小的存款积累出家庭的幸福感和满足感。当我们回顾那些共同度过的欢乐与挑战时，我们会发现，正是这些不断的努力和投资，让我们的家充满了爱，成为一个幸福的小家。

让我们将这种意识融入我们的生活中，让我们的家庭情感账户不断增值，让我们的家成为一个充满爱与幸福的地方。正如一滴水可以折射出太阳的光辉，一点一滴的情感积累，也能汇聚成温暖人心的爱之海洋。